# 黑色定律

李鎮 著

**關於生活的另類思考**

**戰爭是慘烈的人生，人生是慢節奏的戰爭。**

美國大兵的這些作戰條例，每一條都是關於戰爭的，
但是，每一條又都適用於日常的生活。

# 代序 每個人都在射程內

涂道坤

一個偶然的機會，我閱讀了「美國大兵的二十二條作戰條例」，這些條文在詼諧幽默中蘊藏了深刻的人生智慧，令人不禁深思。

……

又一個偶然的機會，我將這二十二條作戰條例推薦給朋友——李鎮，建議他根據這二十二條寫一本小書，將戰場的智慧融入日常的生活，他欣然接受。

現在，這本小書終於出版了，我很欣慰。

是的，戰爭是慘烈的人生，人生是慢節奏的戰爭。

美國大兵的這些作戰條例，每一條都是關於戰爭的，然而，每一條又都適用於日常的生活。例如作戰條例的第十六條：「如果敵人在你的射程內，別忘了你也在他的射程內。」這多麼符合戰爭，又多麼符合日常的生活。

也許，你正在從政，那麼，你一定能體會出這一條的深刻，你千萬別掉以輕心，你千萬別忘了你把別人作爲對手時，別人也正悄悄地把你當作了政敵；也許，你的生意正紅紅火火，那麼，你要時刻保持警惕，你一定要清楚，你的生意可能已經影響到了別人的利益，而那些利益受損的人，他們肯定會把你納入他們的射程；也許，你既沒從政，也沒經商，那麼，你一定會有同事、朋友、親人吧！我想，你也會有這樣的感受——如果你對他們不尊重時，他們也不會尊重你；如果你對他們疏遠時，他們也會疏遠你。

……

因此，你、我、他，誰都逃脫不了，我們每個人都在射程內。

# 前言

初看到美國大兵的這二十二條作戰條例，先是啞然失笑——這美國大兵眞是夠逗的，總結出這些滑稽的作戰條例，全然沒有美國軍方向世界宣稱的英雄氣概，倒是一副「狗熊」模樣。他們是在拿自己開涮，搞黑色幽默吧？

再從頭至尾仔細讀讀、品品，發現這並不單純是玩笑或HUMOUR，而是包含著深刻的生活哲理的。

我們都知道，戰爭是最慘烈的人生。在戰場上，不是你死就是我活。戰爭的最重要的原則，就是「保存自己，消滅敵人」。要想做到這一點，除了勇敢，最需要的是一點小聰明。而這二十二條，就是美國大兵中的聰明人總結出的。

這二十二條，美國官方的軍事教科書上找不到，只能是來自第一線的大兵們的實戰經驗，而且很可能是用鮮血、甚至生命換來的。

戰場是複雜的，充滿著變數。

人生也是如此。

## 前言

所以，我們的頭腦不可過於幼稚和教條，要多一點兒聰明，多一點兒辯證法。不然，在戰場上，腦袋掉了，都不知是怎麼掉的；在人生中，處處碰壁，卻不知是撞在哪面牆上了。

對於習慣了正向、單向思維的我們，這二十二條幫助我們看到了生活的另一面，雖然這可能會讓人覺得有些洩氣、沮喪、不舒服，但它是眞實的。參照著這二十二條，對生活作一番另類思考，會使我們生活得比較順當一些。

這就是我爲什麼要寫這本小書的原因。

在這裡，我要感謝涂道坤先生。是他先向我推薦了這個題目，啓發了我的寫作。

寫下「美國大兵作戰條例」的是位佚名的作者。在網上、報刊上，我所見到的「條例」版本多種多樣。有的標明是二十一條，有的是二十二條，還有的是二十六條……不過，就多數的條目來看，基本上是一致的。我在各種版本中也做了一番挑選，各有所取，確定爲目前的二十二條。這本小書就是我所寫的閱讀心得。

# 目錄
# Contents

# 目錄
# Contents

目錄
Contents

某空降兵部隊搞了一次夜間空降。爲了讓地面部隊能夠看清空降人員的降落位置，空降兵的身上都纏上了五顏六色的彩燈。由於風太大，傘兵們被吹到了鄰近降落地點的一個老太太的院裡。老太太正在院子裡看月亮，突然見到許多人從天而降，大吃一驚。這時，一個傘兵過來問：「請問這裡是什麼地方？」老太太聲音顫抖地說：「這是……地球……」

# 第 1 條

## 你不是超人

## Your are not a superman

# 1.「超人」大兵埃里克

在伊拉克戰爭中，西方媒體曾經報導過一個「超人」式的英國大兵。這個大兵叫埃里克．沃爾德曼，二十八歲，是英軍第四〇突擊隊隊員。二〇〇三年三月二十六日，在烏姆蓋斯爾的一場戰役中，他的頭盔連中四槍，居然毫髮未損（有照片爲證）。

一時間，西方媒體紛紛稱讚埃里克福大命大，還對英國的鋼盔設計盛讚有加。埃里克本人也因此一舉成名，他的家人也跟著沾了不少光。

難道埃里克眞是刀槍不入的「超人」？

非也。拆穿西洋鏡，這不過是一場騙局。

據埃里克的軍中同伴在接受英國《太陽報》採訪時說，那是他們幾個人合夥對隨軍報導伊拉克戰爭的戰地記者開的一個玩笑。

實際情況是，二十六日那天，埃里克根本就沒有戴鋼盔，他的鋼盔就放在他的背包上。當時，同伴就在埃里克身邊，正在設法引爆一顆伊軍發射的未爆炸的反坦克榴彈。炮彈被引爆後，炸起的塵土落滿了埃里克的頭盔。隨後，埃里克就惡作劇地隨手對著自己的頭盔連開了四槍。接著，就招來了一直跟隨第四〇突擊隊的戰地攝影師拍攝。埃里克還做了一個拿下烏姆蓋斯爾的姿態。

儘管當時埃里克本人沒有接受記者的採訪，但他和他的同伴也沒有阻止記者做出相關的失實報導。這樣，一個關於戰地超人的神話，就被不負責任的士兵和媒體傳到了世界各地。

一名英國高官苦笑著說：「我覺得那名記者恐怕是被愚弄了。這件事無疑將載入歷史。」

所謂「超人」，是美國好萊塢的創造。從那個身披紅斗篷，上天入地、無所不能的「超人」，到「未來戰士」、「〇〇七龐德」、「X戰警」，一直到《駭客任務》裡的酷斃了的「尼歐」，他們都有著超乎凡夫俗子的能力。他們身手不凡、武藝高強、大智大勇，永遠不犯錯誤，總是能化險爲夷、大難不死，再厲害的敵手，最後都會被他們制服。

但在眞實的戰場上、生活中，沒有超人。你不是超人，我不是，任何人都不是，英國大兵埃里克當然也不是。
記住這一點，對你很有用。

# 2. 人貴有自知之明

記住：你不是超人。

因為不是超人，所以你會記得自己不過是血肉之軀，而不是鐵臂銅身、刀槍不入的。因此，當子彈飛來時，你既不能用身體把它擋回去，也不能如尼歐一樣，把高速運動的子彈抓住。如果你想去抓它，那你就是大傻瓜。所以，你最明智的做法就是設法躲開它。（請參照第十五條）。

你不是超人，所以你也不是無所不能，心想事就成的。你也有能力達不到的時候。你要明白自己能吃幾碗乾飯，凡事不可勉強，千萬不要逞能。

有一個登山運動員，名叫閻庚華。二〇〇〇年五月，他獨自一人向珠穆朗瑪峰挑戰。許多人勸他不要拿生命冒險，可他一定要衝頂，說，登不上去，讓攝影機變成槍把我打下來——結果，他果然被「打」下來了。他死了，讓人惋惜。

另一個登山運動員，同樣地也向珠穆朗瑪峰衝擊。在六千四百公尺的高度，他體力不支，停了下來，撤回了大本營。許多人替他惋惜，問他爲什麼不再堅持一下，再咬緊一下牙關，爭取登頂成功？

這位登山運動員說：「不，我最清楚，六千四百公尺的海拔是我登山生涯的最高點，我一點遺憾都沒有。」

這位登山運動員是明智的，他知道自己的能力極限，他量力而行、適可而止。在這點上，他比那些過高地估計自己的能力，總認爲「只有想不到，沒有做不到」，結果失敗得很慘的人高明。

你不是超人，所以你並不會是一貫正確、永遠不會犯錯誤的。你也是常人，你也有說蠢話、辦蠢事，甚至犯低級錯誤的時候。就像一個哲人說的：每個人每一天至少有五分鐘是一個很蠢的大笨蛋。列寧也說過，只有死人才不會犯錯誤。

如果你自視爲超人，你就會自以爲是，就會聽不進旁人的批評和提醒，就會犯下追悔莫及的錯誤。

諸葛亮神機妙算，他也不是超人，他也難免會失街亭。

誰也不是超人。誰都會有犯錯誤的時候。懂得了這一點，人就會變得虛心謹慎，就會聽得進不同意見；而在犯了錯誤後，才能夠正確吸取教訓，從而變得聰明起來。

你不是超人，所以你也不可能事事都有老天保佑、總走好運。你也會遭遇失敗和挫折，你也免不了喝涼水也塞牙的厄運。

明白了這一點，你就不會一遇到困境，就怨天尤人，就覺得命運待你不公。你就能以一顆平常心看待生活中的種種磨難。

你不是超人，所以你不可能單打獨鬥，像武俠小說裡的獨行大俠那樣包打天下。你要學會與他人合作，學會與團隊一起戰鬥。

俗話說：「一個籬笆三個樁，一個好漢三個幫。」當今世界，比爾・蓋茲如果不依靠手下那些聰明的軟體工程師的助力，他的微軟公司也成不了 IT 業的龍頭老大。

正因為你不是超人，才更需要依靠群體的力量，就像佛祖說的，要想使一滴水永不乾涸，只有把它投入大海中。

……

毛澤東說，人貴有自知之明。

常記住自己不是超人，就是有自知之明的表現。

有了自知之明，你就能知道凡事要量力而行，就不會去做「雞蛋碰石頭」的傻事，就不會聽信「人有多大膽，地有多大產」的高燒胡話，就能虛心聽取他人的意見，就能更深刻地理解：「人生是一種苦役，只有欣然服從和不愉快地服從之別」，也才能在群體中體現自己的生命的價值。

# 3.人狂沒好事

不要以爲你是將軍了，名人了，大亨了，高官了……，你就變成超人了。在戰場上，子彈不會因爲你是將軍就繞開你。在日常生活中，麻煩也不會因爲你是名人、明星或什麼大人物就不來纏你。

有一句老話：「人狂沒好事，狗狂拉稀屎。」話糙理不糙。生活中，誰如果以狂妄的「超人」自居，生活就會讓他吃苦頭。

美國的拳擊手泰森，幾度帶上拳王的金腰帶，眞可謂打遍天下無敵手。金錢也隨之滾滾而來。在他職業拳擊生涯的巔峰時期，他一晚上就可以掙到三〇〇〇萬美元。

泰森可謂拳壇「超人」。

泰森有些飄飄然了。他開始忘乎所以，玩女人，在拳擊場上要賴，並大把大把地花錢。用一擲千金來形容泰森的花錢，都覺小氣。泰森曾在拉斯維加斯的一家珠寶店，一小時之內花掉了五〇萬美元。

這樣胡鬧，結果就是泰森的官司不斷，並且債臺高築。正如一家美國小報所說的：「沒腦子的笨蛋跌入無底洞。」

泰森面臨的債務可能高達二千七百萬美元。這使得泰森快要淪爲一個窮光蛋了！

在此時刻，泰森也許會想到再度走上拳壇，用上天賦予他的拳擊才能，去掙大筆的出場費。

但是，曾經被譽爲「鋼鐵拳王」的泰森由於久疏戰陣，早已成了一個專揀軟柿子捏的專家。而這對他來說，是掙不到什麼錢的。他若想擺脫目前的困境，必須與路易斯、魯伊．瓊斯這樣的高手較量。而這對於泰森來說，無疑是比登天還難！

泰森就這樣一步步完了。

泰森的沈浮，是生活老師給我們舉的一個生動例子。它告訴我們：誰要是狂妄地自命爲超人，誰就將跌入地獄。

有一句話叫「夾著尾巴做人」。

如果你小有成就，就要豎起尾巴當旗幟、招搖過市，那你就眞成了沒出息的「狗」了。如果你還狂，那就會招來更多的霉運。

低調做人——這就是美國大兵作戰條例給我們的啓示。

一個將軍注意到，有個士兵的行爲很奇怪，總是撿起能找到的任何紙片，看看，然後搖頭說：「不是這個。」又把紙片放回去。將軍觀察了一段時間後，給這個士兵安排了一次心理測試。心理學家得出結論，這個士兵精神錯亂了。將軍看完診斷書，下令讓這士兵退役，隨手把診斷書扔在地上。士兵將診斷書撿起來，微笑著說：「就是這個。」

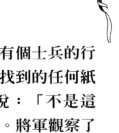

# 第 2 條

## 如果一個愚蠢的方法有效，那它就不是愚蠢的方法

## If it's stupid but works, it isn't stupid.

# 1. 搞笑的海珊照片

費盡了九牛二虎之力，美軍終於在二〇〇三年十二月十三日深夜，抓獲了前伊拉克總統海珊。

在此之前，爲了消滅或者捉住海珊，美軍可謂使出了渾身解數：斬首行動，巨額懸賞，公佈海珊可能整容後的照片……。美軍還使出了「撲克牌通緝令」的絕招，將他們要捉拿的伊拉克重量級人物頭像，印在撲克牌上，海珊是黑桃A。

還有，爲了吸引更多的人來看通緝令，駐紮在海珊家鄉提克里特的美軍第四步兵旅想出了一個怪辦法：在街上到處粘貼搞笑的海珊的照片。

說它搞笑，是因爲這些照片的臉部是海珊的，身體卻是性感明星們的，例如，豐滿的美國影星維洛尼．卡蕾克，或是曲線迷人的好萊塢老牌影星莎莎．嘉寶。

此外，在其他一些「換頭術」照片中，貓王和英國搖滾明星比利．艾文的身體也被安上了海珊的腦袋。

對這個方法，許多人認爲愚蠢透頂，簡直是瞎胡鬧。

但美國大兵們可不管別人怎麼看，愚蠢就愚蠢，胡鬧就胡鬧，只要能吸引更多的人來觀看，有助於抓住海珊，它就不愚蠢，不是胡鬧——這符合美國大兵的第二條作戰條例。

而結果呢？還眞把行蹤詭祕的海珊給抓住了，抓住他的，就是美軍第四步兵師，地點，就在貼著海珊搞笑照片的提克里特。

誰能說美軍抓住海珊，就沒有這搞笑照片的一點兒功勞？至少在對海珊和他身邊人的「心理攻勢」中，它就起到了一定的「震懾」作用。

# 2.不管白貓黑貓……

在美國某所大學的期末考試中，物理試卷中有一道題：「試說明如何利用一支氣壓計測出一棟大樓的高度。」

一名學生的答案是：「將此氣壓計攜至大樓頂端，繫上一長繩，然後將氣壓計垂放至街道上，再將其收回。測量所用繩子的長度，則此長度即爲大樓的高度。」

老師看了這個答案，氣不打一處來，簡直是太愚蠢了！他將此答案判定爲零分。

可學生不服，堅決認爲自己應該得滿分。

雙方相持不下，最後由一位公正的老師來裁決。

這位老師問學生，你是不是不懂得老師教你的方法，所以別出心裁想了這麼一個方法？

學生說，「我當然懂得用物理學的原理，利用氣壓計來測高度。但是，從小到大，我已經厭倦了老師不斷教導我們如何去思考，如何去使用『科學的方法』，而不是教導我們去認識事物的構造和本質。因此，我才用這種玩笑的方式來表達我的抗議。」

這個學生說，其實，有很多方法可以測出大樓的高度。比如，將氣壓計拿到大樓頂端，身體貼近屋頂邊緣，拋下氣壓計，用碼錶計算落地的時間。然後利用公式，即可算出大樓高度。

還有一個非常直接的辦法：只要拿著氣壓計，沿著階梯而上，一路上沿著牆壁，用氣壓計的長度爲單位，晝下記號，最後，計算一下這些記號的數目，就可得到大樓的高度。

也許，最省事的辦法就是直接帶著氣壓計去敲管理員的門，對他說：「先生，我這兒有個很棒的氣壓計，如果你願意告訴我這棟大樓的高度，我就把它送給你。」

這個學生給出了得到大樓高度的好幾種方法。這些方法，在腦筋僵化的考試老師看來，有的也許太蠢，有的也許簡直是胡鬧。但是，這些方法，又的的確確是可以獲得大樓的高度的。按照美軍作戰條例第一條，完全可以給滿分！

所以說，只要能解決問題，只要有實際效果，你就不要在意它究竟是「胡鬧的辦法」、「愚蠢的辦法」，還是「科學的方法」、「聰明的辦法」——不管白貓黑貓，抓住老鼠就是好貓！

我們爲什麼一定要把自己的大腦給局限死呢？

先不要判定什麼辦法是聰明，什麼辦法是愚蠢。智者千慮，難免一失；愚者千慮，必有一得。還是讓最後的效果來說話吧。

# 3. 笨人笨辦法

另一方面，在實在沒什麼高招的情況下，你也不妨試試笨辦法，也許能補救「黔驢技窮」的困境。

看一個小故事：

餐桌上，七八個漢子爲打開一個惱人的酒瓶塞幾乎敗了酒興。

經過他們輪流折騰，那個軟木塞不但沒有拔出來，還朝瓶內陷下去半公分。有人提出，應該用剪刀挑。有人則認爲，木塞的木質疏鬆，不易成功。有人提出，最好用一隻螺絲釘旋進木塞，然後用力拔出。這也被人否定了，認爲稍微朝下用點力，木塞就會掉進瓶裡。又有人認爲，最好的辦法是用錐子插入木塞靠瓶頸一側，然後可以將木塞隨錐子一起拔出。大家都說這主意好，可惜眼下找不到錐子。

這時，一個傻小子用手指頭捅了捅木塞——木塞掉進酒瓶裡了。

大家正要罵這小子，這小子卻拿起酒瓶，說：「你們看，這酒不是倒出來了！」

這故事證明：有時，笨人笨辦法，卻是解決問題的絕佳辦法。

從美國大兵作戰條例第二條，我們還可以引申出另一條：聰明的方法如果無效，就不是聰明的方法。

一群老鼠吃盡了貓的苦頭。它們召開會議，商量對付貓的辦法。有的提議，培養貓吃魚、吃雞的新習慣，有的建議加緊研究毒貓藥，有的說……

最後，一隻老老鼠出了個主意：給貓的脖子上掛上個鈴鐺，只要貓一動，就有響聲，大家就可以躲起來。

眾老鼠連呼：「高！實在是高！」

可接下來，問題來了——誰去把鈴鐺給貓掛上呢？

聰明的方法，如果無法執行，那還叫聰明嗎？

生活中、工作中，我們不是也常犯類似老鼠的這種錯誤嗎？

所以，在提出一個辦法時，要看它具不具備實行的可能性。如果看似聰明，實則無效，那還不如老老實實按笨辦法行事呢。

# 4. 笨人笨功夫

許多時候，愚蠢的方法反而能奏效，不在於方法有多「高明」，而在於其中顯現的那種頑強、不服輸、幹到底的倔強勁兒。

俗話說：「笨鳥先飛。」又說：「笨人笨功夫。」我們看生活中，許多人能幹成一件事，並不在於他的天資有多聰明，客觀條件有多好，而完全是下笨功夫的結果。下笨功夫，也是一種看似「愚蠢」的方法，但它卻常常奏效。

《世界新聞報》報導過一個韓國「阿甘」的成功之路。

金奎煥自稱是「笨頭笨腦的人」。他連小學門都沒進過。在他到大宇公司求職時，門衛看了他的簡歷，乾脆不讓他進公司大門。後來正好公司的總裁路過，被他的執著精神感動，允許他參加面試。但是面試結果還是不及格。金奎煥勉強做了一名勤雜工。

「笨鳥先飛」，金奎煥憑靠著勤奮工作，後來成為一名正式職工，開始幹起了機械活兒。

金奎煥是夠笨的。國家技術資格考試，他九次落榜；國家一級技術資格考試，六次落榜，甚至普通小轎車駕照考試，他也五次落榜。這使他自己也感到慚愧。

但是，他堅信一點：「豁出命來努力，就沒有不成功的。」

爲了掌握溫差對鐵的精密加工的影響，他乾脆搬到工廠，每晚就在機床邊睡覺，夜以繼日地研究了二年半，終於有了結果。他把自己的研究結果寫成論文，向《技術時代》投稿。論文在國家技術部門引起了重視。韓國勞動部長官下令，把金奎煥當成國家科技部門的「重點保護對象」。這一消息轟動了韓國重工界。

金奎煥在工作中一共提出了二千四百六十二個合理化方案，並獲得了六十二個國際發明證書、二枚勳章、四次總統表彰、五個國家級發明大獎，擁有韓國超精密加工業「名匠」的稱號。

金奎煥現在能講五門外語。他是怎麼學外語的呢？也是笨辦法：不貪多，一天一篇文章，天天背。他家裡的牆上、飯桌上、衛生間門上、辦公桌上，都貼滿了當天要背的課文。笨功夫下到家了，他也就學會了。

## 5.愚蠢乎？聰明乎？

愚蠢的方法有效，就不是愚蠢的方法。那麼，它是什麼呢？顯然是聰明的方法。

有一個小孩，家裡很窮。他也不愛說話，人們都拿他當傻子看，經常有人拿他開心。

比如拿一枚五分硬幣和一枚一角的硬幣放在他面前，然後告訴他只能拿其中的一枚。每次，他都是拿那枚五分的。

許多人不相信這孩子會傻到這個份兒上，便來試。果然，他就是不拿一角的。人們哈哈大笑。

一次，一位婦女看他這樣可憐，就問他：「孩子，難道你眞的不知道一角比五分更値錢嗎？」

孩子回答：「我當然知道。可要是我拿了一角的硬幣，他們就不會一次次把五分的硬幣放在我面前讓我拿了。」

你看，這個孩子的辦法是愚蠢，還是聰明？

這個孩子後來當了美國第九屆總統，他的名字叫威廉．哈里遜。

生意場上有句話：不能賠錢賺吆喝。誰如果做倒貼本的生意，那他一準是腦子進水了。可有一個叫松木清的日本商人，就做了這樣的生意。

松木清曾當過日本松戶市市長。在此之前，他是一家藥店的老闆。

有一年，在藥店生意普遍不景氣的情況下，他做出一項決定：把一種價值二百元的補藥，僅以八十元銷售。

消息傳開，顧客蜂擁而至，紛紛搶購這便宜得出奇的補藥。

要說這是「薄利多銷」，可如此低價，不但無利潤，還要倒貼本。松木清眞是傻到家了？

別人勸松木清不要把這「自殺」性的買賣再做下去了，可松木清依然我行我素。

事情也奇怪，松木清這樣做了一段時間，藥店不但沒有虧損，還有了贏利，勢頭兒還很旺。這是怎麼回事？

還是松木清自己道破了「天機」：顧客在特別青睞這低價補藥的同時，也對店裡的其他藥品有了一種好感。顧客在買八〇元補藥的同時，也買別的藥品。這「附帶」賺的錢，不僅彌補了八〇元補藥的損失，還帶來了整體的贏利。

說穿了，這就是「吃小虧，賺大便宜」——「愚」在吃小虧，「聰明」在賺大便宜。

與松木清的「小買賣」相比，美國洛克菲勒財團做的一筆買賣更大，而採用的，也是這種看似愚蠢、實則有奇效的方法。

二戰結束後，以英美為首的戰勝國磋商後，決定在紐約成立聯合國。洛克菲勒財團得知這一消息後，果斷地出資八百七十萬美元，在紐約買下一塊地皮，無條件地贈給了這個剛剛掛牌、一文不名的國際性組織。同時，洛克菲勒財團也把聯合國附近的大片地皮全買下來了。

對洛克菲勒家族的這一舉動，當時許多美國大財團都吃驚不已。

人們紛紛嘲笑這是「愚人之舉」。

但是，令那些嘲笑者沒想到的是，聯合國大樓剛剛落成，它四周的地價就立刻飆升。相當於捐贈款的數十倍、百倍的巨額財富，湧進了洛克菲勒財團……

古語講：將欲取之，必先予之。人都看到「先予之」之「愚」，可又有幾人能看到最後「取之」的絕頂聰明呢？

# 6.不要自作聰明

不要總是自以爲聰明，把別人都看成傻瓜。很多時候，你自以爲聰明，其實是在犯傻。

動物園裡，一個大人指著籠子裡的猴子，對孩子說：「你知道這種動物叫什麼嗎？」

孩子說：「不知道。」

大人說：「記住，這種動物叫猴子，看著聰明，其實挺笨的，是專門供我們人類開心的。」

「不信，你瞧。」大人說著，拿出一包花生，取出一顆，朝一隻大猴子扔去。

那猴子馬上用嘴接住，然後再用爪子從嘴裡取出來，剝開吃掉，顯得很滑稽。

孩子問：「猴子爲什麼不直接用爪子先接呢？費這事。」

大人得意地說：「這就是它蠢的地方嘛。」

大人繼續扔，猴子便不斷地先用嘴接，再用爪子取出……，直到一大包花生全部扔完了，那大人才心滿意足地帶著孩子走了。

籠子裡，一隻小猴子問大猴子：「你爲什麼費那勁，用嘴接花生呢？」

大猴子說：「如果我不做出那傻樣子，他會把他那一大包花生都扔給我嗎？」

小猴子佩服地說：「你眞聰明。」

大猴子得意地對小猴子說：「人這種動物自以爲聰明，其實被咱耍了，他還不知道呢，眞可悲！」

想想我們自己，是不是也經常自以爲聰明，結果卻是聰明反被聰明誤，本想拿別人當猴耍，結果卻是自己當了被耍的猴？

法國有一個老太太，叫卡爾基，九十歲了，獨自一人過著與世無爭的平靜生活。

這天，一位不速之客找到她家，聲稱他將慷慨解囊，給老太太每月二千五百法郎的養老金，好使老太太安度晚年。

老太太心想，這不是天上掉下餡餅嗎？他為什麼要這麼做呢？

這人叫拉伯萊，是法國小有名氣的律師。在老太太的追問下，他說出了自己的打算：養老金不是白給的，老太太去世後，她祖上留下的房子要歸他所有。

老太太笑了。他這分明是看我已經九十歲了，沒幾天活的了，才想做這個聰明的交易的。不過，沒關係，答應他。

當時拉伯萊四十六歲，年富力強。他胸有成竹，就等著幾年後老太太一咽氣，他好名正言順地得到那大房子。

但誰知人算不如天算，卡爾基老太太就是不死，拉伯萊七十七歲時卻死於心臟病。三十一年間，拉伯萊總共付給老太太九十萬法郎，高出房產四倍多。拉伯萊這才叫「搬起石頭砸自己的腳」，機關算盡太聰明，反誤了卿卿性命。

得知拉伯萊死時，老太太傷心落淚之餘，也嘟囔了一句：「這麼聰明絕頂的人，怎麼也會做虧本生意呢？」

一九九七年八月，卡爾基老太太撒手西歸，享年一百二十二歲零一百六十四天。

法國作家羅休夫柯說過：「人最容易被愚弄的時候，是在他自以為愚弄別人時。」

所以，不要總是自以為聰明，你應該謙虛一些。如同一位法師所說：「不要怕人笑你傻，要擔心的是別人說你太聰明，而不是真正的聰明。」

司令官要偵察兵查明前方有沒有可以供部隊通過的橋樑。偵察兵查明情況後回來報告：「有一座橋，可供坦克部隊和炮兵部隊通過，但無法讓步兵通過。」司令官大光其火：「胡說八道！」偵察兵解釋說：「絕對不是胡說八道──因爲橋上蹲著一條大狗！」

# 第 3 條

不要太顯眼，因為那樣會引人攻擊（這就是航空母艦被稱為「炸彈磁鐵」的原因）

Don't look conspicuous–it draws fire. (This is why aircraft carriers are called "Bomb magnets".)

# 1. 美國空軍飛行員的活命要訣

對於空軍來說，飛行員面臨著飛機被擊落、跳傘逃生以及被敵俘虜等種種風險。美國空軍專門制定了相關的條令，印發了手冊，傳授飛行員活命要訣。

其中有幾條是這樣的：

二、隱蔽自己：身上暴露的皮膚就像導航台，會把敵人引過來。所以，一定要用汙物或泥塗抹身體所有暴露的部位，包括臉、手腕、耳朵和脖頸；用汙物、木炭和植物擦抹衣服，使其同周圍植被的顏色相近；不要帶發光的器具，像眼鏡、手錶、鋼筆或鉛筆等。它們都能反射光線，暴露藏身位置。

……

四、謹慎轉移：當選擇要轉移時，要選擇光線不良、天氣惡劣或敵人活動受限的條件。轉移要小心謹慎，不走直路，要不斷拐彎，每走十步要停一下，靜觀、細聽有無人員或動物活動的跡象，仔細察看有無陷阱。切不可留下轉移的痕跡，包括植物的葉子被翻轉、樹枝被折斷等。要掩蓋腳印，埋掉所有丟棄物並予以偽裝。

……

八、小心用火：用火柴、打火機或把軟木同硬木一起加力摩擦，都可取火，但是用火務必當心，因爲它會暴露你的位置。

九、禁煙禁味：準備食物要盡可能煮熟，以便殺滅寄生蟲，但不得燒烤，不要讓氣味散發到遠處；不要吃帶香味的食物，更不要製造煙霧。刮鬍子不要灑香水，不得用除臭劑或驅蚊劑。因爲這一切都容易暴露目標。

……

美國空軍的飛行員被擊落後求生的要訣有十三條，這裡摘錄了四條。這四條的共同要求，就是美國大兵作戰條例第三條所強調的：「不要太顯眼，因爲那樣會引人攻擊。」

這第三條還附註道：「這就是航空母艦被稱爲『炸彈磁鐵』的原因。」

所以，在戰場上，你如果不想遭到敵人攻擊，就不要像航空母艦那樣太突出、太顯眼。你最好的辦法就是學潛水艇，深深地潛下去，讓敵人找不到你。

二戰時，一個叫羅勃．摩爾的年輕人，在一艘美軍潛水艇上服役。後來他講述了親身經歷的一次戰鬥。

那是一九四五年三月的一天，在中南半島附近，他和戰友們從雷達上發現了一支日本艦隊正在朝他們開來。這支艦隊包括一艘驅逐護航艦、一艘油輪和一艘佈雷艦。

他們朝日本艦隊發射了五枚魚雷，但都沒有擊中。突然，那艘日本佈雷艦直朝他們開來，估計是一架日本飛機把美軍的位置用無線電通知了它。

潛水艇迅速下潛到一百五十英尺深的地方，以免被日軍偵察到。同時做好應付深水炸彈的準備，還關閉了冷卻系統和所有的發電機。

「三分鐘後，天崩地裂。六枚深水炸彈在四周炸開，把我們直壓到二百七十六英尺的海底。深水炸彈不停地投下，整整十五個小時。有十幾個就在離我們五十英尺左右的地方。如果距離十七英尺以內的話，潛艇就會被炸出洞來。

「當時，我們奉命靜靜地躺在自己的床上，保持鎮定。我嚇得幾乎無法呼吸，不停地對自己說：這下可死定了！

「潛水艇的溫度幾乎有攝氏四十度，可我卻覺得全身發冷。十五個小時後，攻擊停止了。顯然那艘佈雷艦用光了所有的炸彈而離開了。這十五個小時，在我感覺好像有一千五百萬年……」

羅勃．摩爾所在的潛艇大難不死，就是很好地隱藏了自己。任你炸個天翻地覆，我就是躲在海底不出來。只有保存好自己，才能消滅敵人。在敵眾我寡，或敵強我弱的情況下，美國大兵的這第三條作戰條例尤其管用。

# 2. 顯眼的猴子

兩千年前，莊子講過這麼一個故事：

吳王率領大隊人馬，渡過長江，登上猴山。群猴看到人，驚慌失措、四處奔逃，紛紛躲入荊棘叢中。

獨有一隻猴子，在眾人面前跳來跳去，顯示它的靈巧。吳王撚弓射它，那猴子一把接住了箭，得意洋洋。

吳王大怒，命令手下一齊放箭。箭如飛蝗，那猴子轉眼間成了一隻死「刺蝟」。

這個故事中，那個猴子之所以慘遭不幸，就是不懂得美國大兵作戰條例第三條的告誡，仗著自己敏捷靈巧、誇耀於人，最終做了吳王的箭靶。

莊子講這故事，是要講述一個做人的道理，就是樹大招風，要想不招風，就要低調做人。這也就是老子講的「韜光養晦」。只有如此，才能避免本可以避免的攻擊，保存自己，更好地做自己想做的事。

這一點上，莊子與美國大兵可謂「英雄所見略同」。

有兩個水兵，一個是驅逐艦上的水兵，另一個是潛水艇裡的水兵。驅逐艦上的水兵說：「我們艦上的人都把你們那些潛艇叫做『海老鼠』。」說罷，哈哈大笑。

潛艇上的水兵回答道：「知道我們管你們這些軍艦叫什麼嗎？──『目標』。」

# 3.人怕出名豬怕肥

不要太顯眼。顯眼固然風光，但也很可能成爲攻擊的目標。

西班牙《趣味》雜誌曾有文章，專門談論世人孜孜以求的「名氣」話題。文章引著名記者胡安·克魯斯的話說，名氣就是「一些人無望地尋求著，一些人找到了，一些人走運碰上了……，但沒有人會拒絕的東西」。

許多人喜歡出名，總將名氣與金錢、地位、成就聯繫在一起。但是，名氣這東西，可以是禮物，是目標，但對於不能善待它的人，名氣也會變成詛咒和災難。

一九八〇年十二月八日，「披頭四」樂隊的約翰·藍儂經歷了名氣最消極的一面，他在自己家門口身中六槍而死。殺害他的，就是他曾爲之簽過名的一個「披頭四」樂隊的歌迷！

至於受到騷擾，對名人來講更是家常便飯。《星球大戰》放映後，哈里森·福特一夜成名。當他走進一家錄影帶店時，他的衣服被影迷們撕成了碎片……

美國南加利福尼亞大學教授利奧．布勞迪一針見血地指出：「對許多人而言，名氣是一種負擔……，特別是年輕人或意外成名的人，名氣則是一個重得扛不動的負擔。」

名人比普通人更容易受到中傷。媒體的騷擾可能會發展到令人無法忍受的地步，比如戴安娜王妃的死，就是一個例子。

歌星、影星、體育明星……只要你出了名，就難免被攻擊的命運。就是政治家，也不例外。

《俄羅斯報》一篇文章說，現在誰都可以欺負政治家。在二〇〇三年一年中，俄羅斯的政治家們遭遇了各種各樣的「獨門暗器」——雞蛋、沙拉醬、番茄醬、芥末、垃圾……。文章列舉的受到攻擊的俄羅斯政治家有：

韋什尼亞科夫——沙拉醬；

久加諾夫——番茄；

格雷茲夫——雞蛋、蛋黃醬；

日里諾夫斯基——沙拉醬；

丘拜斯——沙拉醬；

凱西亞諾夫——雞蛋；

……

文章提醒說，政治家們最好早作防範，因爲「明年還要舉行三十七次地區性選舉」。

俗話說：「人怕出名豬怕肥。」

古話說：「木秀於林，風必摧之。」

你如果不想招風「摧」，不想成爲職場中、生活中的「炸彈磁鐵」，那就請你記住西班牙電影界最著名、也是最低調的人物之一，劇作家拉斐爾·阿斯科納說過的一句話：

「別讓人認識你，這樣才自由。」

# 4. 顯眼與現眼

不要太顯眼，因爲這會引來敵手的攻擊。

另外，過分追求顯眼，也很可能現大眼，同樣遭到攻擊。

「小燕子」趙薇由於職業原因，本來就夠顯眼的，可她不謹慎，也許是沒經驗，穿一件日本軍旗服擺酷，結果招來輿論大嘩，還有一愣小子給她潑了一身屎……

而同樣沒經驗的是跳水皇后伏明霞，穿一條寫滿洋文的白褲子招搖過市。有那懂洋文的多事之徒，給翻譯出來了，那褲子上寫的全是髒話。

……

現在，有些人總想顯眼，總想成爲萬眾矚目的人，他們恨不得招來全世界炮火的攻擊，這些人成名之時，也是自己被葬送之時。

尼采說過：「蟲被踩後蜷縮起來，這是明智的，它借此減少了重新被踩的機率。用道德的語言來說，就叫『謙恭』。」

去做一個這樣的明智的「蟲」——這又有何妨呢？要知道，能隱藏自己的才能，才是一種很大的才能。

當然，不要太顯眼，不是讓你一直窩囊下去，做縮頭烏龜。你要在不顯眼中發展自己，做好自己的事。

## 5. 學學錢鍾書

美國學者希歐多爾．赫特斯（中文名胡志德）寫過一本書，專門研究錢鍾書的做人和學問。新中國成立後，政治運動一個接一個，而錢鍾書受到的衝擊卻最輕最少，錢鍾書做人的學問，正符合了美國大兵作戰條例的第三條。

在一九四九年前，錢鍾書出版了文藝論集《談藝錄》、短篇小說集《人、獸、鬼》，還有著名的小說《圍城》，奠定了他的主要聲譽。但在一九四九年後，除了一些編寫作品、幾篇論文和宋代詩歌的選注外，很少見到錢鍾書的作品。

錢鍾書像潛水艇一樣「潛」起來了，這使他避免了類似胡風、俞平伯、老舍等人受到攻擊和不公正待遇的命運。

那麼，他是無所作為地消極遁世嗎？不是的。一九七九年到一九八〇年，作爲獻給新中國三〇周年國慶的一份厚禮，錢鍾書的輝煌巨著《管錐編》問世了。

原來，在過去的三〇年裡，錢鍾書不顯山不露水，一直在默默地寫著這一部「他期望能流傳後世的著作」。

這就是錢鍾書——不去搶風頭，不去追求世俗的顯赫，如諸葛亮所說：「寧靜以致遠，淡泊以明志。」這既使他不致受到攻擊和迫害，也使他能夠專心致志地在沒有或很少干擾的情況下，成就自己鍾愛的事業。

錢鍾書曾經十分冷靜而嚴峻地概括某種人的政治命運，他說，他們符合這樣一條規則：「你受到的待遇適與你出的風頭相稱。」

事情不正是如此嗎？

軍方的徵兵廣告上寫道：「參加傘兵吧！從飛機上跳下去，還沒有過馬路危險。」約翰在廣告上寫了一句：「我很願意參加，可徵兵辦公室就在馬路的對面。」

# 第 4 條

## 別和比你勇敢的傢伙
## 待在一個掩體裡

## Never share a foxhole with anyone braver than you are

## 1.「兄弟連」的故事

美國拍了一部電視連續劇，一經火爆登場，就讓觀眾看得連呼「過癮」。這就是《兄弟連》。

歷史上的「兄弟連」是二戰時美國一〇一空降師五〇六團E連。他們作爲盟軍在諾曼地登陸的先鋒，屢建奇功。二戰史專家安布羅斯對E連的倖存者進行了採訪，寫就了《兄弟連》一書。電視劇就是據此書拍攝的。

《兄弟連》中講到這麼一個人物，他就是E連的第一任連長赫伯特·索貝爾中尉。

索貝爾連長個頭挺高，身材細長，大大的鷹鉤鼻，長臉，下巴內凹。這傢伙在E連裡並不受士兵們歡迎。爲什麼？他渾身傲氣，自認爲最勇敢，其實是個既沒有常識又沒有軍事經驗的傢伙。

比如有一天夜裡，E連到樹林裡演習。預定的任務是打防禦戰，待在指定位置，等著敵人進入伏擊地帶。戰士們分散進入個人的位置，靜靜地等待。突然，一陣風刮起，樹葉嘩嘩作響。這時，索貝爾跳起身，大喊：「敵人來了！敵人來了！」

他倒是不怕死，可是，要眞是打仗，整個連隊不就暴露、完蛋了嗎？

E連的弟兄們都說：「可不能跟這個傢伙一起上戰場！」他們的共同心願是：「一定要活得比索貝爾長。」

後來，E連進入了實戰，他們的第一次傑出戰鬥，是以相當於一個班的兵力，消滅了一個扼守二號堤道、控制了猶他海灘的德國炮兵連。而這次戰鬥，幸好不是由索貝爾指揮的。

指揮這次戰鬥的是溫特斯少尉。他在戰後說，如果由索貝爾來指揮，他一定會親自率領這十三個人從正面發動攻擊，他自己犧牲不說，還要搭上大多數人的性命。

那麼，E連的大兵們是如何作戰的呢？一位叫利普頓的參戰士兵說：「我們協同作戰，沒有突出的明星。我們就像一部機器。我們誰也沒有從地上躍起衝向敵人的機槍。我們依靠運動、協同以及迫擊炮把它擊倒，或者迫使它後撤。我們表現得很出色，但沒有很多閃光的英雄主義行爲。我們知道，英雄主義非但不能完成任務，反而會把命丟了。完成任務是最重要的。」

「別和索貝爾一起上戰場！」

或者說，「別和比你勇敢的傢伙待在一個掩體裡。」

這就是美國大兵從實戰中得到的寶貴經驗。

# 2. 巴頓的教訓

別和比你勇敢的傢伙待在一個掩體裡，這是因爲這樣的傢伙看似勇敢，實則魯莽。他們只知道表現自己的個人英雄主義，卻不會審時度勢，常常會成事不足、敗事有餘，連累你也跟著吃苦頭。

即便是你單獨待在掩體裡，你也不要楞充英雄好漢，不到衝鋒的軍號響起，你就不要探頭探腦、輕舉妄動、提前出擊，好去搶頭功。就是衝鋒了，你也要注意利用地形和彈坑，不要一味傻衝——總之，你要勇敢，但不要勇敢得過了頭。

美國的巴頓將軍就是個勇敢得過火的人。當他十九歲在西點軍校學習時，就表現得十足的傻大膽。一次，在輕武器射擊訓練中，同學們輪換射擊和報靶。輪到他報靶時，他沒有像其他人那樣趴在壕溝裡，而是突發奇想，一躍而起，任子彈嗖嗖從身邊飛過。教官和同學們都嚇出了一身冷汗，他還嘻嘻地咧著嘴笑。

巴頓是夠勇敢的，「前進，前進，再前進！」是他最喜歡的軍事格言。這樣的勇敢給他帶來了戰功和榮譽，但也給他帶來了麻煩。

一九四三年八月，盟軍取得了西西里島戰役的勝利，巴頓也因戰績突出，榮獲十字勳章。

一次，他到戰地醫院去看望傷兵，有個未受傷的士兵叫貝內特，患有「炮彈休克症」。他說：「我能聽到炮彈飛過，但聽不到它爆炸。」說完便哭泣起來。巴頓勃然大怒：「你完全是膽小鬼！」說完，打了貝內特一耳光，大聲吼道：「你是集團軍的恥辱，你要馬上回去參加戰鬥！」

很快，巴頓打人的消息傳遍了第七集團軍，傳遍了美國朝野上下。誠然，巴頓很勇敢，但是誰願意跟這位勇敢的將軍上戰場呢？美國的父母們，哪個願將自己的孩子交給他呢？國內外非議四起，巴頓陷入了窘境。

多虧艾森豪的保護，巴頓的輝煌的軍旅生涯才沒有毀於「打耳光」事件，才有後來搶渡萊茵河的赫赫戰功。

二次大戰結束後，已經是四星上將的巴頓，再次暴露出他「勇敢」過頭的毛病。他到處演說，聲稱：「我熱愛戰爭……對於我來說，和平將是一座墳墓」。他的過激的言論與剛剛獲得和平的人們的想法太不協調了。巴頓受到了冷落。

巴頓的政治生命結束了，吃虧在於勇敢過頭。

如果巴頓能懂得他的手下的大兵們總結出的作戰條例第四條的含義，他也許就不會在自己的生命中，留下這麼多的遺憾了。

## 3.「膽小」的孔聖人

其實，早在兩千多年前，中國的大聖人孔子就總結出了同美國大兵作戰條例第四條一樣的人生經驗。

孔子有一個弟子，叫子路。此人好佩長劍，以勇敢著稱。孔子多次說過，子路好勇遠勝於他。

但是，孔子並不看好子路的勇敢。

有一次，子路問孔子：「老師，您如果統帥軍隊，會找什麼樣的人共事？」

孔子回答：「像那種赤手空拳和老虎搏鬥，不用船就去貿然渡河，這樣死了都不後悔的人，我是不會和他共事的。我所要的共事之人，一定是面臨任務便小心恐懼、善於謀略而能成事的人。」

你看，孔子也是不願和「比他勇敢的傢伙待在一個掩體裡」的。

孔子告誡子路的有兩條：一是「臨事而懼」，二是「好謀以成」。

先說「臨事而懼」。

懼，即恐懼、膽小。這常遭人詬病。其實，恐懼作爲一種心理反應，是人的一種自我保護機能。遇到危險，面對自己尚不瞭解的情況，不是大大咧咧、貿然行事，而是心存恐懼、小心應對，這才是謹愼的表現，是聰明人的做法。

有一位老闆打算雇用一名私人司機。有三個人來應聘。老闆出了道考題：「如果汽車開近了懸崖，你們能夠在多遠距離刹住車？」

第一個司機答：「我可以在距離懸崖十公分處刹住車。」

第二個答：「我可以在五公分處刹住車。」

第三個答：「我將在距離懸崖盡可能遠的地方刹住車。」

假如你是那位老闆，你會雇用哪一位？

再說「好謀以成」。

孔子不贊成那種赤手空拳與老虎死拼硬鬥的「勇」，他贊成的是運用智謀來成事。他曾經稱讚過一位叫卞莊的勇士。卞莊曾戰勝過老虎，而且是兩隻。他是怎麼戰勝的呢？他見到兩隻老虎正在吃一頭牛，便欲持劍殺之。這時有人給他出招，讓他坐山觀虎鬥，等到老虎兩敗俱傷時再下手。卞莊依計行事，果然小虎死，大虎傷，卞莊不費力就刺死了傷虎，兩虎俱得，成就了他勇士的美名。

所以，凡事不可徒逞勇氣。很多時候，膽小方能成事。不要一遇事就頭腦發熱，嚓嚓嚓殺將過去，要動腦子用用智謀。這樣，你就能以最小的成本，獲取最大的利益。

# 4. 眞正的勇敢

不要仗著自己勇敢，就硬碰硬，要學會以柔克剛。

不要總想著正面進攻，你可以學著迂迴，從側面或背後進攻。

不要一味逞強。把拳頭先收回來，再打出去，會更有力。

如果能夠智取，就不要強攻。強攻是無路可走時的最後一招。

不要怕別人嘲笑你膽小，不要中了激將法。

孔子說：「勇力撫世，守之以怯。」

就是說，你即便有成就大事業的勇氣，但也要把握好一個「怯」字。「怯」意味著謹愼、智慧。這才能使你的勇氣眞正發揮作用。這也就是「大勇若怯」的道理。

勇敢，就其行爲方式來說，意味著敢於冒險。但是，惟有聰明的冒險才是眞正的勇敢，如美國的哈利法克斯所說：「聰明的冒險是人類謹愼中最値得讚譽的一部分。」

如果不講策略，那麼，冒險者必將死於危險之中。

而許多時候，能對無謂的冒險說「不」，也只有真正的勇敢者才能做到。

有三個將軍在一起爭論，誰的士兵最勇敢？

A將軍命令他的士兵：「湯姆，爬上那個旗杆，把旗子取下來！」

湯姆二話不說，完成了任務。

B將軍命令他的士兵：「傑克，全副武裝爬上旗杆，把旗子掛上去！」

傑克也眉頭不皺，完成了任務。

C將軍命令他的士兵：「喬治，全副武裝爬上旗杆，然後來一個空中飛人表演！」

喬治看了看高高的旗杆，然後對將軍說道：「將軍，你瘋了嗎？」

C將軍得意地對其他兩位將軍說：「瞧，這才叫勇敢！」

正如柏拉圖所說：「知道什麼應該害怕，什麼不應該害怕，這才叫勇敢。」

上尉把傑克叫過來，說：「你去查查比爾參軍前是幹什麼的。那小子每次打完靶，總要把槍上的指紋擦掉！」

# 第 5 條

## 別忘了你手上的武器
## 是由出價最低的承包商製造的

## Never forget that the lowest bidder made your weapon

# 1. 拯救女兵林奇

伊拉克戰爭中，美軍曾大肆宣傳過他們「拯救女兵林奇」的戰地傳奇。

據美軍的發言人說，二〇〇三年三月二十三日，美軍一支後勤部隊的十名士兵，在伊拉克南部的納西里耶附近迷路，隨後遭到伊拉克軍隊的伏擊。其中九人被打死，而十九歲的女兵潔西嘉．林奇英勇開火抵抗，直到打完了最後一發子彈才就擒。

而十天後，借著漆黑的夜色，美軍特種部隊在炮火掩護下，用直升機救出了林奇。

這一段類似好萊塢電影的傳奇故事，當時弄得幾乎所有的地球人都知道。可塵埃落定，人們才知道這不過是一場騙局。

別的且不說，就林奇「英勇開火抵抗」一節，林奇自己就出面澄清說，當時她是想開槍，可是槍卡住了，一發子彈也沒打出去，她只能是跪在地上祈禱。

請注意這個故事裡的這個細節：林奇的槍卡住了。

好端端的M-16自動步槍，美國大兵裝備的最先進的輕武器，怎麼就卡住了呢？

不奇怪，美國大兵作戰條例第五條已然說了：「別忘了，你手上的武器是由出價最低的承包商製造的。」

怎麼會有這種事情？這不是拿美國士兵的生命開玩笑嗎？

可是事實就是如此。

要知道，在美國發動的一次次戰爭中，最大的贏家就是美國的軍火商。

在戰火、硝煙和鮮血的背後，是高利潤、大批量的軍火訂單。據專家估算，一架售價爲五千萬美元的F-16戰鬥機，整機利潤不低於45％。因此，大大小小的軍火商，都會削尖了腦袋去鑽營，爭取以最低的出價拿到最多的訂單。這裡面，自然免不了各種見不得人的手段。

爲了獲取最高利潤，軍火製造中偷工減料、粗製濫造也就在所難免。這樣一來，步槍卡住、飛機折翼、大炮失準、坦克故障……，出現這些情況也就不足爲奇了。

第五條　別忘了你手上的武器是由出價最低的承包商製造的

所以，對此把戲早就洞若觀火的美國大兵，才會在他們的作戰條例中寫下這一條，既是對戰友的提醒，又是對這無情事實的嘲諷。

那麼，從美國大兵的這一條作戰條例中，我們能得到什麼啓迪呢？

## 2. 啓迪一：做人不能太天眞

做人不能頭腦簡單，頭腦簡單就容易吃虧上當。

我們總是很天眞。

我們善良，我們就總以爲世界上的人都很善良。

我們講信用，就以爲我們的商業夥伴也一定會講信用。

我們信奉平等，就以爲別人也一定會平等待我。

我們信奉道德的力量，就以爲道德能夠感化世上的一切人。

我們不負人，我們以爲人也不會負我……

就像十九歲的美國女兵林奇，她肯定想，既然國家徵召我入伍，我爲「解放」伊拉克人民而戰，那政府給我配備的一定是精良的武器，怎麼可能卡住呢？但是，「別忘了，你手中的武器是由出價最低的承包商製造的」，林奇拿的就是這樣一種武器！

柯林頓的副總統高爾曾經講過一個故事：美國參議員布萊德利有一次應邀

到一個大宴會演講。他在貴賓席上等候的時候，一位侍者走過來，將一塊黃油放在他的盤子裡。布萊德利想要兩塊黃油。侍者回答：「對不起，一個人只有一塊黃油。」

布萊德利高傲地說：「也許你還不知道我是誰吧？我是前NBA球員，羅茲獎學金獲得者，美國參議員布萊德利。」

侍者回答：「也許你也不知道我是誰吧？我就是主管分黃油的人。」

克里斯．馬修斯在他的《硬球——政治是這樣玩的》一書中，引述了這個故事。他的結語是：「在這個權力世界裡，總會有人主管分黃油。」

黃油，代表著利益。而主管分黃油的人，首先考慮的，自然是自己一方的利益。就像美國發動伊拉克戰爭，政客首先考慮的是政客的利益，軍火商首先考慮的是軍火商的利益。各種利益一均衡，大兵們的生命安全也就只剩下一點點考慮了，這種考慮，頂多也就是一塊小得不能再小的黃油。林奇拿到卡住的槍，大概原因就在於此。

所以，你一定不可太天真，你一定要牢記，這個世界沒有永恆的友誼，只有永恆的利益。

你必須像歌手那英唱的那樣：「借我一雙慧眼，讓我把這世界看個眞眞切切、明明白白……」

毛澤東說過：「戰爭是流血的政治，政治是不流血的戰爭。」

政治就是利益的衝突和分配。戰場上有政治，官場中有政治，就是你所在的機關、公司、學校……也有政治。你要明白其中的暗道機關，不要太天眞，要學會在「硬球遊戲」中，盡可能地保護好自己的利益。至少，不要讓那主管分黃油的人，太厲害地損傷了你的利益。

有一句老話：「害人之心不可有，防人之心不可無。」

說老實話，要想防得好，還眞不那麼容易。如果時時處處設防，那就沒辦法在這個世界上生存了。但是一點兒也不防，天眞地把自己做成一座「不設防的城市」，那你很可能就會成爲別人利益的犧牲品。

只有一個辦法，這就是孔子說過的：「不逆詐，不臆不信，抑亦先覺者，是賢乎。」

什麼意思？就是說，不無端地懷疑人、猜測人、防著人，但是能「先覺」，就是在不善者的馬腳剛剛暴露時就能察覺，並採取相應的防範措施。這才是賢能的表現。

有一個寓言：

獅子坐在山洞口，熱情地招呼狐狸到洞裡作客：「請進來吧，我準備了豐盛的食物，款待尊貴的客人。」

狐狸站在洞外沒動。

獅子說：「怎麼？你不相信我的誠意？兔子、山雞、野豬都已經吃完，高高興興地走了……」

狐狸回答：「這正是我疑惑的地方。我只看到進去的腳印，卻沒看到出來的腳印。」說完，飛快地跑了。

我們在世上行走，也得有點兒狐狸的「先覺」，才能避免自己糊裡糊塗成了獅子口中的「黃油麵包」。

## 3. 啓迪二：坦然地接受不公平的現實

當美國大兵們在戰場上流血犧牲時，政客們卻在那裡大撈資本，軍火商們卻在那裡大發橫財，這個世界豈不是太不公平了嗎？

是的，這的確不公平。

同樣的，生活中也有著其他的種種不公平。

……

於是你憤憤不平，於是你牢騷滿腹，於是你變得消沈……

你這樣做，其實大可不必。

對於美國大兵來說，儘管他們拿的是由「出價最低的承包商」製造的武器（這武器總他媽的出故障），他們還是得拿著它。且不管這是不是一場錯誤的戰爭，自己既然已經來到了戰場，最起碼的，要保護好自己，不要喪命。怨天尤人有什麼用？憤憤不平有什麼用？鬱悶有什麼用？不如開心一點，想辦法自己救自己就是了。

而對於你我來說，要認識到生活就是這樣，總是有不公平，總是有不公正，我們要坦然接受這一現實。

就像比爾・蓋茲說的：「人生是不公平的，習慣去接受它吧。」

有識之士早已指出，「美國有七百一十個理由發動伊拉克戰爭」——七一○即OIL（石油）的倒寫。這是一場不光彩的戰爭，戰爭帶來的是許多無辜平民的鮮血……

「沒有人比士兵更痛恨戰爭。」這是指揮伊拉克戰爭的美軍中央司令部司令、四星上將湯米・弗蘭克斯說過的。

但是，如果不幸作爲一名美國大兵，被投入到了這場戰爭，你怎麼辦？

霍利斯是美軍陸軍第一步兵師的一名普通二等兵，他手持著子彈上了膛的M16步槍，蹲在巴格達以西第十號高速公路的護欄後。

剛剛從路邊亭子方向，有人向他開槍。

他睜大眼睛仔細搜尋，但沒有發現開槍的狙擊手，只看到有幾個沒有武器的伊拉克男孩瞪眼看著他。

他不像美軍軍官要求的那樣：如果有人從一扇窗戶向外開槍，我們就對窗戶發射一百發子彈。

他做出的選擇是：不開槍。

生活是不完美的——這正是我們每個人都要面對的責任和挑戰。

也有勇敢的人，勇敢地向不公正挑戰，例如以色列有二十多名飛行員，拒絕執行對巴勒斯坦的一個目標的轟炸任務。他們說，那肯定會傷害無辜的平民。他們爲此將會面臨軍方的嚴厲處罰。

也許我們沒有他們那麼勇敢，或者，有時由於條件限制，我們也無法根本改變不公正的現實，但我們還是可以做些力所能及的事情，至少，我們可以像霍利斯那樣，管好自己手中的槍。

「別忘了，你手中的武器是由出價最低的承包商製造的。」

從這則黑色幽默中，你還悟到了什麼呢？

士兵報告：「指揮官，剛收到一份上級電報。」指揮官說：「好，肯定是緊急指令，快向大家宣讀！」士兵讀道：「『因爲你的愚蠢和無能，導致這個戰鬥一敗塗地，簡直是一頭……』」

指揮官打斷士兵，說：「這是一份密碼電報，快去把它譯出來！」

# 第 6 條

## 如果你的攻擊很順利，<br>那你一定是中了圈套

## If your attack is going really well,<br>it' s an ambush

## 1.「BUG OUT」

一九五〇年六月二十五日，朝鮮戰爭爆發。

九月，美軍在仁川地區登陸成功。到十月，美軍在強大的制空權下，先後佔領了平壤、元山等地，並把戰火燒到了鴨綠江邊。

中國人民志願軍隨即出兵朝鮮，並在十月二十五日，與美國陸軍王牌軍第一騎兵師不期而遇，打了一場遭遇戰，全殲美軍第八騎兵團。

美軍雖遭此打擊，卻沒有把志願軍放在眼裡。從十一月上旬開始，美軍集中二十一萬人，開始發動進攻。而志願軍先後放棄了黃草嶺、飛虎山、博川、德川等陣地。美軍被志願軍的一連串後退所迷惑，認爲志願軍兵力「最多不過六、七萬人」，志願軍是「怯敵退走」，於是，加快了進攻速度。美軍總指揮官麥克阿瑟將軍聲稱，要在「耶誕節前結束朝鮮戰爭」。

麥克阿瑟忘了他的士兵總結出的作戰條例：「如果你的攻擊很順利，那你一定是中了圈套。」

實際上，就在美軍一路順利地進攻時，三十八萬志願軍已張開了一個大口袋，就等著「甕中捉鱉」了——

十一月二十五日，志願軍在西線發起反擊。美軍和李承晚的軍隊陷入志願軍的包圍之中。美軍拼命突圍、撤退。美第八集團軍司令沃克中將在慌亂中翻車送命。

在東線戰場，美軍也陷入志願軍的重圍，損失慘重。

到了十二月二十四日，就在聖誕夜，美軍被全部打退到「三十八度線」以南。

也就是在這場戰爭中，美軍發明並普及了「BUG OUT」這個俚語。BUG在英文中是臭蟲的意思。BUG OUT就是用來形容美軍像臭蟲一樣四散而逃的情形。

作戰、做生意、做任何事，都不要驕傲自大，不可麻痹輕敵。不可自以爲是。不可被眼前的順利迷惑了你的判斷力，搞得你飄飄然。要小心，前面可能正有一個大陷阱、大口袋、大圈套等著你。到那時，你就要成爲大BUG，掉進去爬不出來了！

## 2. 瘋狂的波士頓人

古語說：「兵不厭詐。」

軍事家的詐術之一，就是誘敵深入，設圈套聚而殲之。

這在戰場上無可厚非。日常人際交往，如果也搞圈套，那是不可取的。但你不搞，並不意味著別人不搞，所以，你需要長個心眼。

記住美國大兵的這一條例，引以爲日常生活中的警戒。

一九二〇年，在美國波士頓，查理斯·龐茲成立了一家「安全交易公司」，聲稱他能在九十天內，讓投資者的資金翻倍。

於是，發財心切的人們蜂擁而至。最先投資的人也的確得到了高額回報。例如，有十五個波士頓人在龐茲的公司投資了八百七十美元，不到九十天，他們就得到了一千二百一十八美元的回報。

當時的《紐約晚報》盛讚龐茲：「龐茲給人們帶來了無限希望……因爲他，波士頓人想一夜暴富簡直想瘋了。他是財富的創造者，現代米達斯之王。」

米達斯之王是能夠點石成金的。

於是，更多的人前來投資，投過資的人又繼續投資。龐茲公司共吸引了四萬多人投資，總額一千五百萬美元，約合今天的一．五億美元。

但最後事實證明，這不過是龐茲的一個大騙局。他用後續投資者的錢支付前期投資者，這樣搞到三年半時，他已負債七百萬美元，而他的資金根本不足以支付這筆債務。

除了少數早期投資者僥倖獲利外，絕大多數投資者掉入了龐茲的陷阱，他們的血汗錢付之東流。

我們在前面已經說了，做人不可太天真，陽光下還有罪惡，當然，也少不了龐茲這類人設下的圈套。

圈套五花八門，但都有一個共同點，就是充滿了誘惑力，引誘你一步步鑽進去。你鑽得越順利，你被圈套套牢的程度就越大。

越是險惡的圈套，越是綴滿了鮮花。

而對於世人來說，最厲害的圈套就是金錢的圈套——你看看那古代銅錢，四周圓圓的，金光燦燦，中間卻有一個方孔，如同一張血盆大口。你要一心貪利圖財，就會被這張大口吞下去。

有一句話：「世上沒有免費的午餐。」

還有一句話：「天上不會掉餡餅。」

如果你眞遇到了有人要給你提供「免費的午餐」，天上還眞掉下「餡餅」砸到你頭上，就同戰場上你遇到敵人不戰自敗，免費給你提供勝利的戰果，那你就要務必小心了！

爲了不至於落入圈套，那麼，當你覺得事情異常的順時，你就要想想，這裡面有沒有名堂？他葫蘆裡賣的究竟是什麼藥？

有一個販子，挑著兩個籃子，籃子上拴著一隻烏骨雞。他叫賣道：「烏鴉，烏鴉！誰買烏鴉？二塊錢一隻！」

你聽到了、看到了，你暗自發笑：這不是烏骨雞嗎？市場裡貴著呢。他卻當成烏鴉賤賣，眞是個傻瓜。

於是你掏出二元錢，說：「我買一隻！」伸手去拿那烏骨雞。

販子笑了：「這是烏骨雞，不是烏鴉，難道你分不清？」說著，打開籃子：「瞧，你要的烏鴉在這裡呢！」

原來，這是販子的一個小花招。你覺得你占了傻瓜的便宜，卻誰知竟中了他的圈套！

## 3.「願者上鉤」

傳說，姜太公在渭河上用直鉤釣魚，口中念念有詞：「願者上鉤！」

大凡中了圈套，都是願者上鉤的結果。

現在玩網路，很時尚、很流行。網上經常會有各種誘人的「東東」，例如色情網站、讓你快速賺大錢的廣告、免費的軟體下載，等等。

你玩得很順，興致勃勃，可就在這同時，病毒已經悄無聲息地侵入了你的電腦，或者你電子銀行的密碼已經被人家竊走，再不然，你的國際話費帳單已經變成了天文數字……

原來，這些都是網上的圈套！

為什麼會中套？這就是人性的弱點——色迷心竅，或者財迷心竅。

設套者正是摸透了人性的弱點，才會用一點兒釣餌，就能輕易地把人圈住。

中國古人捉猩猩，就用一小罈子酒——猩猩貪酒，喝了又喝，等醉了，自然成了籠中的獵物。

所以從某種意義上講，圈套倒是自己給自己設好的。孔子講：「無欲則剛。」要想不中圈套，只有把握好自己，把那非分的欲望克制住，就能成爲圈套之外的自在之人。

實際上，很多圈套設得是很拙劣的，只要稍加用心，就能看出。只可惜人一旦被人性的弱點擊中，就會變得傻呆呆，任由他人擺佈。可悲可歎。

千萬記住這條作戰條例，如果你的攻擊很順利，那你一定是中了圈套。

在實彈射擊訓練時，有個士兵連射幾槍都脫靶。教官怒氣衝衝奪過士兵的槍，聲色俱厲地說：「笨蛋！瞧我的！」他瞄準射擊，可子彈也脫靶了。教官轉身，面不改色地對士兵說：「瞧！你就是這樣打槍的！」

# 第 7 條

## 沒有任何計畫
## 能在遇敵後繼續執行

## No plan survives the first contact intact

## 1. 計畫趕不上變化

一九七九年十一月四日，在伊朗首都德黑蘭，何梅尼的擁護者湧向街頭，抗議美國接受巴勒維國王的避難。遊行中，一些學生衝入美國駐伊朗大使館，將使館裡的人扣作了人質。

何梅尼發表聲明，支援學生的行動，要求美國引渡巴勒維國王。美國朝野被這消息震驚了。白宮決定以武力奪回被扣押的人質。一個周密的營救計畫，經過反復商討後制定了出來。

這個計畫分三步進行：

第一步，使用空軍的六架C-130運輸機，裝載九十七名「三角洲突擊隊」隊員和所需燃料、設備，從美國本土起飛，在埃及吉納機場加油後，穿越紅海，插入伊朗領空，然後直飛德黑蘭東南約一百八十英里處，於夜間降落在一片沙漠鹽鹼地上。這地方代號「沙漠一號」。

與此同時，抽調八架直升機，從停泊在阿拉伯海上的「尼米茲」號航空母艦上起飛，趕往「沙漠一號」會合。

第二步，突擊隊員乘上加過油的直升機，直奔德黑蘭郊外的另一個隱蔽地「沙漠二號」。到達後，潛伏一個白天。

第三步，C-130運輸機於第二天夜間飛至「沙漠二號」。與此同時或稍後，突擊隊員在「青蛙」小組的接應下，乘上預先購置的汽車，祕密進入德黑蘭。兵分三路，藍隊從大門突入使館，直趨使館辦公樓，營救那裡的三十一名人質。白隊從大使館東側越牆而入，撲向大使住宅，營救那裡的十九名人質。紅隊衝向伊朗外交部大樓，營救被關在地下室裡的三名人質。人質救出後，各隊到使館足球場會齊，登上降落在那裡的直升機，撤回「沙漠二號」。然後，直升機返回航空母艦，人質和突擊隊員換乘C-130運輸機，撤離伊朗……

計畫制定得可謂天衣無縫。四月二十日晚，經卡特總統批准，營救計畫正式實施。

四月二十四日晚，載著突擊隊員的六架C-130運輸機，順利降落在「沙漠一號」。

現在就等直升機前來會合了。

五分鐘過去了。

十分鐘過去了。

二十分鐘過去了。

可直升機還是沒有來。

如果直升機來不了，突擊隊員天亮之前就趕不到「沙漠一號」，整個行動弄不好就要泡湯。突擊隊員們心急如焚。

終於等到直升機來了。可不是原計劃的八架，而是六架。

原來直升機途中遇到了沙暴，一架迷航，一架機械故障，來不了了。

六架就六架吧，只好將就了。可誰知在加油檢查時，發現又有一架直升機主螺旋槳出現裂縫，不能飛了。

原定的計畫看來執行有困難。帶隊的貝克韋斯通過通訊衛星，向五角大廈的瓊斯將軍請示，是否回撤。

過了好半天，瓊斯將軍才開口：「上校，我請你考慮減掉一些突擊隊員，乘五架直升機前進。」

「什麼？五架直升機無法完成營救任務，我以腦袋擔保。」貝克韋斯口氣非常堅定。

「那好吧，我請示總統後答復你。」

五分鐘後，突擊隊接到了同意回撤的命令。

原定的營救計畫就這樣取消了。

美國大兵作戰條例說：「沒有任何計畫能在遇敵後繼續執行。」

計畫趕不上變化。美軍突擊隊營救人質的計畫，甚至在還沒有正式遇敵時，就不得不改變，最終靠政治談判，在四百四十四天後，解決了人質危機。

## 2. 誰動了我的乳酪？

情況總是在不斷的變化。有一句話說得好：這世界上惟一不變的，就是「變化」。

所以，你不能認爲有了完美的計畫，只管執行就是了。你必須根據變化的新情況，隨時修正你的計畫。不然，死守著原計劃不變，你就會吃苦頭、打敗仗。

美軍三角洲突擊隊放棄了原來的營救計畫，是明智的。因爲只用五架直升機去營救，原來三個人的任務就要由二個人去完成，空中也將失去火力掩護。這樣做，不但人質救不出來，突擊隊員的命也會搭進去，豈不是賠本買賣？

日本松下通信公司曾花了五年時間，投入了十億多日元，進行大型電子電腦的研究開發。眼看就要進入投產階段了，松下幸之助卻突然宣佈不再做大型電腦。

許多人覺得如此放棄，太可惜了。松下幸之助卻有自己的考慮。他認爲當時大型電子電腦市場的競爭日趨激烈，像美國市場，幾乎全被IBM獨佔。這種情況下，如果再堅持五年前的計畫，與強有力的對手爭市場，顯然不適宜，弄不好還會全軍覆沒。因此，松下選擇了放棄。

與松下形成對照的，是臺灣的新力公司。它曾以Beta系統獨霸錄影機市場。後來，它的競爭對手JVC公司的VHS系統被越來越多的廠家採用。面對變化了的市場，新力公司卻仍然頑固地堅持自己的Beta系統，投入了大量資金，用於技術改良和廣告。它在徒勞地打著一場沒有希望的戰爭，最終，經過十年的苦撐，新力公司宣佈放棄自己的系統，開始接受VHS系統。

死守著原來的計畫，不懂得隨情況變化而變化，這就是中國古代寓言裡挖苦過的「守株待兔」、「刻舟求劍」的愚人。

此路不通，那就放棄，另找通路。如一個叫詹姆斯的成功的美國佬說的：「你可以超越任何障礙。如果它太高，你可以從底下穿過去；如果它很矮，你可以從上面跨過去。總會有辦法的。」你需要做的，就是不要固守原來的計畫，哪怕這個計畫看上去是那麼完美。

美國的斯賓塞．強森寫過一本小書，世界上許多大公司，如可口可樂、惠普、通用汽車等，都用這本小書講述的理念，指導員工的工作與生活。這就是那本很有名的書《誰動了我的乳酪》。

這本書講述的中心理念，就是書中的小矮人唧唧在乳酪N站最大的一面牆上寫下的體會：

**變化總是在發生**

他們總是不斷地拿走你的乳酪。

**預見變化**

隨時做好乳酪被拿走的準備。

**追蹤變化**

經常聞一聞你的乳酪，以便知道它們什麼時候開始變質。

**儘快適應變化**

越早放棄舊的乳酪，你就會越早享用到新的乳酪。

**改變**

隨著乳酪的變化而變化。

**享受變化**

嘗試冒險，去享受新乳酪的美味！

**做好迅速變化的準備，不斷地去享受變化**

記住：他們仍會不斷地拿走你的乳酪。

美國大兵作戰條例第七條，蘊含的也正是這樣一個理念。

## 3.享受變化

在美國西部淘金熱時，一個年輕人也隨著大批淘金者來到了西部，準備下一身死力氣，挖出一個金娃娃來。

可到了那裡，卻發現淘金的人實在太多了，他都找不到合適的地點了。怎麼辦？是堅持原來的想法，擠進去淘金？還是另尋生財之道？

他選擇了後者。他經過觀察，發現淘金人的褲子穿不多久就會磨壞。於是，他開始仿照西部牛仔穿的結實耐磨的褲子，專爲淘金人製作工裝褲。

這種工裝褲一經推出，大受淘金人歡迎。這個年輕人從褲子裡淘到了屬於自己的金娃娃。

這就是如今風靡世界的牛仔褲的由來。

他沒有固守自己原來的想法，或者計畫，而是積極地適應變化，改變自己，從而享受到了新「乳酪」的美味。

從美國大兵作戰條例生發出來，不僅是我們的生活計畫、工作計畫，要隨情況的變化而變化，我們的行爲方式、思維方式、生活習慣，也應該隨世界的變化而變化。

有一首流行歌唱道：「不是我不明白，這世界變化快。」

你要不想被變化的世界淘汰，你就要以變化應對變化，用現在大家都講的一句話來說，就是要「與時俱進」。

「人無我有，人有我好，人好我變。」這是商戰的勝經，也是個人生涯成功的「勝經」。

如果我們像《乳酪》書裡的另一個小矮人哼哼，總是待在原來的地方固步自封、拒絕改變，或者故意忽略外面的世界，企圖對發生的一切視而不見，那我們就必然會陷入麻煩，弄到最後，連飯也沒得吃。

有一個漁夫，是出海打魚的好手。他有一個習慣，每次打魚前都要立下一個誓言。

一年春天，他聽說市面上墨魚的價格最高，於是他立下誓言，這次出海只捕撈墨魚，好好賺一筆。但這一次漁汛所遇到的都是螃蟹，他非常懊惱，空手而歸。

等他上了岸，才知現在螃蟹比墨魚還值錢。他後悔不已，發誓下次出海一定多多地捕螃蟹。

第二次出海，他的全部注意力都在螃蟹上，可這一次遇到的全是墨魚。他又空手而歸。

他檢討自己，決定下次出海，無論遇到的是墨魚還是螃蟹，他都不放過。

第三次出海，他嚴格遵守自己的誓言，可他一隻螃蟹和墨魚都沒看到，見到的只是馬鮫魚。不用說，他又兩手空空地回來了。

漁夫沒有趕得上第四次出海，因爲他在自己的誓言中餓死了……

在新兵訓練中心，教官教士兵們投手榴彈。教官說：「手榴彈投出去後，記住一定要趕快臥倒。如果不臥倒，你們知道後果會怎樣？」

新兵們齊聲說：「教官會罵！」

# 第 8 條

## 所有五秒的手榴彈的引線
## 都會在三秒內燒完

## All five-second grenade fuses will burn down in three seconds

# 1. 沒有什麼是不可能的

明明設計的是五秒鐘才能燒完的手榴彈引線，怎麼會在三秒內燒完呢？你會說：這不可能。

但是，且慢下這結論。

拿手榴彈來說，不但引線可能提前兩秒燒完，還可能你一拉線，它就在你手上爆炸了。還可能它根本就不燃燒，你扔出去的是一個啞手榴彈。

有一個白癡對天才說：「我的牙齒能咬住我的左眼睛，你說能嗎？」

天才說：「這絕對不可能。」

於是，白癡將左眼的假眼球取出，用牙咬了咬。

天才傻眼了，連說：「眞沒想到，眞沒想到。」

白癡又說：「我能用牙咬我的右眼睛，你說能嗎？」

天才琢磨了一會兒，他想，難道白癡的兩隻眼睛都是假的？不可能。於是他堅定地搖搖頭：「那不可能。」

就見白癡取下假牙，「咬」了一下右眼。

天才這下子服了。原來看似不可能的事，還眞有可能，今後可不能輕下結論了。

美國大兵作戰條例說，「所有」手榴彈的引線都會提前燒完，誇張了一點，但它的確道出了一個生活的哲理：世界上沒有絕對的事情，隨著主觀客觀條件的變化，會使許多不可能的事情變成可能。

日本在二〇〇三年發射**H2A**火箭。爲這次發射，日本人作了大量工作。在他們看來，這次發射絕對是萬無一失的。但結果卻是兩個字：失敗。

對於此次事故，日本專家們紛紛表示「這是不應該出現的」。但是，它卻出現了。不可能變成了可能。

這是怎麼回事？事後的分析表明，是火箭助推器兩側的連接棒出了問題。有兩根連接棒，按設計，應該在燃燒一分四十秒、產生足夠的推動力之後，自動脫離主體。但結果卻是沒有脫離，致使火箭主體嚴重偏離軌道，不得不在發射十分鐘後，按地面指令摧毀。

連接棒不能分離的原因，被認爲是點燃火藥的導火線出現了異常——和美國大兵說的手榴彈的引線出的問題異曲同工。

一位火箭專家直搖頭：「被認爲簡單且可靠性高的部分出了問題，這太出人意料了。」

如果他學過美國大兵作戰條例，大概就不會覺得「出人意料」了。

不要想當然地認爲「這不可能」。世界上許多不可能的事情是可能發生的。懂得了這一點，我們的腦筋就可以避免僵化，從而採取有效的防範措施，避免有害的「不可能」變爲「可能」。

這就像保羅．富塞爾在《戰爭時期》中寫的：第一次參戰的軍人心裡總是以爲，「（傷亡）這種事不可能發生在我身上。我很機靈、敏捷，受過良好訓練，模樣很帥，很討人喜歡，行爲嚴謹，等等」。可是這種感覺很快就變成了「這有可能發生在我身上。我最好還是小心些。只要我在利用掩蔽物、挖工事、暴露身體射擊時更謹慎些，只要我隨時多加小心，我是能避開危險的」。

# 2. 把木梳賣給和尚

當然，我們也可以在不違背客觀規律的前提下，通過積極的主觀能動性，將「不可能」的事情變成「可能」，以取得事業的成功或戰鬥的勝利。

有一家大公司招聘營銷人員。考官出了一道題：在十天內，想辦法把木梳盡可能多地賣給和尚。

讓剃了髮的和尚買木梳？開什麼國際玩笑！這絕對不可能。

許多應聘者感到受了愚弄，拂袖而去。

只剩下三個人，決定試著把這不可能變爲可能。

十天後，三個人回來了。

第一個人的戰績是賣出了一把。他說，爲賣出這一把木梳，他給和尚們磨破了嘴皮，和尚們不但不買，還臭罵了他一頓。最後，他看到一個小和尚在撓頭，知道小和尚頭皮癢，於是靈機一動，遞上木梳——小和尚用木梳刮頭，挺見效，就買下了。

第二個人的戰績是十把。他說，他去了一家名山古寺，見進香者的頭髮都被風吹亂了。於是他找到寺院的住持說：「蓬頭垢面是對佛不敬。應該在每座香案前放把木梳，供善男信女梳理頭髮。」主持於是買下了十把木梳。

第三個人的戰績是一千把。他說，他到了一個深山寶剎，見朝聖者絡繹不絕。他就找到住持說：「對於前來進香的人，寶剎應有所回贈，以作紀念，保佑其平安吉祥，鼓勵其多做善事。我有一批木梳，而您書法超群，何不刻上『積善梳』三字，以作紀念品？」住持聞言大喜，立即買下了一千把木梳。

這三個人都被公司錄用了。按他們的業績不同，分別擔當了營銷員、營銷副主管、營銷主管。

所以，不要先入爲主地就說這不可能、那不可能。你要想成功嗎？就要運用創新思維，將別人認爲不可能的事情做成可能。

成功就是變不可能爲可能。

拿破崙說得好：「『不可能』三字，只能出現在愚人的詞典裡。」

林肯也說過，有些事情一些人之所以不去做，只是他們認爲不可能。有許多不可能，只存在於人的想像之中。

# 3.三個獵人的故事

有一份幼兒畫報，刊登了一篇故事，叫《三個獵人》。故事是這樣的：

從前有三個獵人，兩個沒帶槍，一個不會打槍。他們碰到了三隻兔子，兩隻兔子中彈逃走了，一隻兔子沒中彈，倒下了。

他們提起一隻逃走的兔子朝前走，來到一幢沒門沒窗沒屋頂也沒有牆壁的屋子跟前，叫出屋主人，問：「我們要煮一隻逃走的兔子，能不能藉口鍋？」

屋主人說：「我有三個鍋，兩個打碎了，一個掉了底兒。」

「太好了！我們就借那口掉了底兒的。」

三個獵人用掉了底兒的鍋，煮熟了逃走的兔子，美餐了一頓。

你看了這個故事，有何評論？

你可能會說，這都哪跟哪兒呀？只有一個獵人帶了槍，可又不會打槍，怎麼會打中兩隻兔子呢？兔子中彈了，怎麼可能逃走呢？既然兔子逃走了，獵人又怎麼能提著它煮著吃？沒底兒的鍋又怎麼能煮兔子呢？……

咳，這不就是哄小孩兒的嗎？

不過，要我說，你還眞輕看了這個故事。

這個故事裡是講了許多看似荒誕的不可能的事情，可你怎麼就斷定它不會發生呢？

如果有一個人，生下來就又聾又啞還失明，你說他還能認字、著書、成爲世界知名的學者嗎？你敢說這不可能嗎？美國姑娘海倫就把這不可能變成了可能。

還有許許多多不可能，在一定條件下，都會變爲可能。

擦皮鞋的會成爲一國總統，不可能嗎？——有可能的，如果他有雄心，方法對頭，再加上那麼一點兒運氣。

常勝將軍會在陰溝裡翻船。不可能嗎？——有可能，如果他驕傲輕敵，麻痺大意。

你最要好的朋友會出賣你。不可能嗎？——有可能，如果他抵禦不了金錢的誘惑。

今天，你就會從一個工薪族變為百萬富翁。不可能嗎？——有可能，假如你買的彩票中了頭獎。

……

有些事情，發生的概率的確很小。但再小，它也不是絕對不會發生的。

有些事情，現在不可能做到，並不意味著將來也不可能做到。

此地不可能做到，不見得別處就沒有做到。

你沒做到，別人可能做到了。

一切皆有可能。

《三個獵人》講的就是這樣一個簡單的眞理。

「所有五秒的手榴彈的引線都會在三秒內燒完。」

請仔細琢磨這條美國大兵的作戰條例，你會悟出許多。

將軍親自訓練士兵立正，稍息，左右轉等。練了幾分鐘，有個士兵走出佇列，不滿地對將軍嚷嚷：「我煩透了，您在幾分鐘內改變了十幾次主意。」

## 第 9 條

# 裝成無關緊要的人，
# 因為敵人的彈藥可能不夠了
# （所以他會先打重要的人）

# Try to look unimportant because bad guys may be low on ammo

# 1. 再拿巴頓說說事兒

一九四三年，巴頓接替雷登爾將軍，指揮在突尼斯的美國第二軍。

巴頓爲了整頓軍紀，發出了一道命令：「頭盔上必須標明軍銜。」

可有一位老上校卻拒絕執行此命令。

巴頓問他爲什麼。老上校說：「頭盔上標明軍銜，無疑爲敵人提供射擊的靶子。如果我死了，就不能爲你和我的部隊服務了。」

巴頓教育老上校說：「一名指揮官應在部隊前面指揮士兵，即使戰死也在所不辭。士兵們一定得知道誰是他們的指揮官，戴上你的軍銜標誌吧。」

老上校聽後，心悅誠服地照辦了。

這件事，曾被許多人傳爲美談，可它顯然是違背美國大兵的第九條作戰條例的。

誰是誰非？

我們知道，巴頓以勇敢著稱，有時候勇敢得過了頭。他這道命令，不能說一點兒道理也沒有，但在實戰中，卻註定是要吃大虧的。

不知那個老上校後來是不是成了德軍的靶子——如果我是德軍，我一定會先瞄準他開火。

崔可夫是二戰時蘇聯的一位將軍，攻克柏林就是他指揮的。他就不像巴頓那樣傻大膽。

一次，他趕往前線，實地考察蘇聯近衛軍第二十七師的進攻情況。他騎著高頭大馬，戴著將軍的羊皮高帽。這下好，讓德軍盯上了，一排槍彈打過來，崔可夫的戰馬中彈。副官趕緊提醒：「裝成無關緊要的人，因爲敵人會先打重要的人。」（可能原話與此有所出入，但意思就是這個意思。）

崔可夫立刻接受了副官的建議，摘下將軍帽，放在原處迷惑敵人，自己則與副官爬到一個射擊死角躲起來。

巴頓和崔可夫，在「保存自己，消滅敵人」上，誰更勝一籌？

## 2.「示弱」並不失身分

也許你是個重要人物，但你在敵人面前幹嘛要顯擺呢？你越擺譜，敵人越會先打你。別說敵人的彈藥不夠了，就是彈藥充足，他也會這麼幹。「打蛇先打頭，擒賊先擒王」嘛！

想當年劉備在不得勢時，寄身於曹操門下。曹操不放心劉備，生怕他日後與自己爭天下，於是在花園裡設下酒席，與劉備「煮酒論英雄」。而劉備則始終裝作是無關緊要的人。當曹操故意說「天下英雄，只有你我二人」時，劉備被說中心事，吃了一驚，把筷子掉落在地。恰好天上打雷，劉備便借雷聲作掩飾，說是雷聲把自己嚇得筷子都拿不住了。

劉備始終裝熊，曹操認爲劉備不過是個庸碌之輩，就此放過了劉備。

劉備靠這一「裝」，躲開了曹操的加害，後來積蓄力量，終於與曹操三分天下。

爲了避免成爲敵人優先照顧的目標，你一定要裝得無關緊要，或者裝得對他威脅不大，將敵人麻痹了，你再突然進攻。這不但在戰場上，在政治鬥爭中、商業競爭中，都是很有效的一招。

二戰中，哈倫上校統領著一艘美國潛艇。他發現了一艘瑞士籍的商船，便命令潛艇浮上海面，對商船進行驗證檢查。沒想到潛艇一出水面，那艘商船立即換上了德軍旗，對著潛艇開炮。哈倫上校立即下令潛入水底。

德軍開始發射深水炸彈，潛艇處境危急。

哈倫上校也許是想到了美國大兵的作戰條例，便下令部下關掉引擎，放出一〇〇加侖的汽油，並且拋出一些可以浮上水面的物品。

德軍看到浮上水面的大量汽油和各類物品，欣喜若狂，認爲已將美國潛艇擊沈。

就在德軍掉頭返航之際，裝「死」的潛艇突然復活了，潛艇趁敵人不備，悄悄發射魚雷，一舉炸毀了德軍船隻。

面對敵人，裝成無關緊要，這是一種「勇卻示怯」、「強卻示弱」的策略，不但能避開敵人的殺傷，還能更有效地殺傷敵人。

毛澤東在《中國革命戰爭的戰略問題》中說：「誰人不知，兩個拳師敵對，聰明的拳師往往退讓一步，而蠢人則氣勢洶洶，劈頭就使出全副本領，結果卻往往被退讓者打倒。」

他還舉了《水滸傳》中的例子：洪教頭在柴進家中，向林沖挑戰，連喚幾個「來」、「來」、「來」，結果讓先退讓一步的林沖看出破綻，一腳踢翻了洪教頭。

看來，古今中外的聰明人，都懂得「先示弱，後成強」的道理。沒必要像巴頓，一味示勇示強，好像不這樣，就沒面子、失身分似的。

# 3. 王翦這老頭兒

如果你很強，請不要逞強，裝作是個弱者，這會讓你減少來自另一個強者的攻擊。

如果你很有錢，請不要顯闊。不怕賊偷，就怕賊惦記著。裝作是個沒有錢的人，這不但能保住你的財，還能保住你的命。

如果你非常有才能，請不要鋒芒畢露，裝作是個才智平平的人，這會避免嫉妒者對你暗下黑手。

老子說：大智若愚，大巧若拙，大勇若怯。

這才是聰明的處世方法。

請參看美國大兵作戰條例的第九條。

《東周列國志》講秦王嬴政欲進攻楚國，問將軍李信，需用多少兵力？李信年輕氣盛，雄赳赳回答：「用二十萬人足夠了。」

秦王又問老將王翦。王翦回答：「非六十萬人不可。」

秦王暗想：老頭子就是膽兒小，不如李將軍壯勇。於是任命李信爲大將，率二十萬人攻打楚國。結果李信敗仗而歸。

秦王好後悔，親自來見王翦，請老將軍出征。

王翦再三推辭，說自己老朽不中用，大王還是另選賢將吧。

秦王非要王翦掛帥。王翦勉強答應，不過，有個條件，必須帶六十萬人。

秦王答應了。即刻任命王翦爲大將，授予他六十萬人。

在出征儀式上，王翦又向秦王提了個請求：請把咸陽美田屋宅數處賜給他，好安享晚年，也讓子孫們衣食無憂。

秦王大笑，答應了。

王翦這才率領大軍出發。到了函谷關，王翦又派人去向秦王要求園林幾處。

副將蒙武不明白，說：「老將軍請求賞賜，不是太多了點兒嗎？」

王翦這才把心裡話告訴蒙武：「秦王性強厲而多疑，如今把六十萬人交給我，是把國家掏空了託付給我。我之所以多多請求田園住宅，就是表明我不過是個爲子孫操心的世俗老頭，他不就可以放心了嗎？」

蒙武說：「老將軍高見，我服了你。」

後來王翦進攻楚國時，也是先示弱示怯，堅壁固守，就是不與楚兵交戰。楚國以為王翦名雖伐楚，實為自保，於是不再作戰備。而王翦則突發奇兵，一舉打敗了楚軍。

王翦滅楚，班師回咸陽，秦王賜黃金千鎰。王翦於是告老還鄉，安度晚年。

王翦這老頭兒，裝作無關緊要的人，既消除了秦王的疑慮，又迷惑了楚軍，官場、戰場兩勝，可謂深得美國大兵作戰條例的精髓。

打靶訓練，有個士兵槍法實在太差。長官生氣地喊道：「如果我是你，早就自殺了！」士兵羞愧地跑開了。然後聽到一聲槍響，長官嚇了一跳。這時，那士兵紅著臉跑回來說：「報告長官，還是沒有打中。」

# 第 10 條

## 那支你不加注意的敵軍部隊
## 其實是攻擊的主力

## The enemy division you are ignoring is the main attack

## 1. 沒問題恰恰意味著大問題

第二次世界大戰之前，爲了防備德國軍隊的入侵，法國人構築了著名的馬其諾防線。這是一個龐大而複雜的防禦系統，工程之浩大、配備之齊全，令人驚歎。從一九三〇年開工，到一九三七年竣工，耗資二千億法郎，相當於法國一九一九年到一九三九年全部國防經費的二分之一。

二次大戰爆發，比利時和法國面臨德國的重兵壓境，此時的法國統帥部認爲德軍的攻擊重點是馬其諾防線，因此將兵力著重部署在那裡。

然而，德國人沒有按照法國統帥部的想法行事。

希特勒調集了一百三十六個師，二千五百八十輛坦克，三千八百二十四架飛機，分爲A、B、C三個集團軍群。其中，C集團軍群十七個師，對馬其諾防線發動鉗制性進攻，而A集團軍群四十五個師，作爲左翼，擔任主攻。另有B集團軍群二十九個師作爲右翼進攻。

法國，加上荷蘭、比利時、盧森堡和英國遠征軍，共有一百四十二個師，二千三百輛坦克，一千三百架飛機，兵力不亞於德軍。但他們只注意了德軍對馬其諾防線的進攻，而在德軍打算重兵突破的色當一線防守極差。然而，法國人不加注意的那些德軍部隊，其實才是攻擊的主力。

一九四〇年五月的一個拂曉，德軍對法國實施閃電突擊。C集團軍群虛張聲勢地進攻馬其諾防線，迷惑和牽制法軍。A集團軍群則迂迴到馬其諾防線背後，一星期內佔領了色當要塞，向西一直推進到英吉利海峽。四十萬英法聯軍丟盔棄甲，潰不成軍……

法國人苦心經營的馬其諾防線，成了一堆無用的擺設。

美國大兵作戰條例提醒說：「那支你不加注意的敵軍部隊，其實是攻擊的主力。」

德國人利用法國人的「不加注意」，讓法軍吃了苦頭。但後來，他們自己也由於「不加注意」，吃了更大的苦頭。

一九四四年上半年，盟軍開始著手部署在西歐登陸，開闢第二戰場。

經過對法國三處比較適合登陸地區權衡利弊，盟軍決定在德軍防守能力薄弱的諾曼第地區登陸，規定作戰代號爲「霸王」。

盟軍集中了約二百八十八萬人的兵力、一萬三千七百餘架飛機和九千餘艘艦艇，準備在諾曼地登陸。而同時，卻在加來地區猛烈轟炸，在加來海峽英國海港設置了大量假登陸艇和假的物資器材堆積物，給德軍造成盟軍要在加來地區登陸的錯覺。

德軍果然上當。希特勒和德軍總參謀部都認爲盟軍將在加來登陸，並據此做了重兵防守，而在諾曼第地區只部署了六個師又三個團，地面部隊兵力不超過九萬人。

這樣，盟軍在諾曼地登陸時，並未遇到強大的反擊，順利地實施了「霸王」計畫。

前面的法軍失敗，後來的德軍失敗，都敗在了「不加注意」四個字上。

要記住，敵人經常會用你不加注意的部隊，在你不加注意的地方進攻你。你越是認爲沒問題的所在，他越會去給你找問題，製造問題。你認爲沒問題，其實是最大的問題。這個問題就是你「不加注意」，麻痺大意，結果給你帶來不可收拾的問題。

沒問題的地方，恰恰存在著大問題，你能不加注意嗎？

## 2. 強盜爲什麼會失手？

在戰場上，敵人會在你不加注意的地方攻擊你。

在生活中，厄運會在你不加注意的地方襲擊你。

前面我們說了日本人發射火箭失敗的事例。日本人之所以遭到失敗，就在於他們什麼都注意到了，卻對小小的連接棒「不加注意」。而這個小小的連接棒，就成了讓苦心經營了多年的火箭發射計畫毀於一旦的絕對「主力」。

所以，做事情千萬不可掉以輕心，特別是那些容易忽略的小細節，往往可能成爲你的大麻煩。

現在讓我們來扮演一回「強盜」：

你頭戴面罩，闖入一家銀行。你揮舞著玩具手槍和塑膠刀，大喊著要裡面的人把錢交出來。但你什麼也看不見，因爲你忘了在面罩上挖兩個眼孔。你不得不摘掉面罩，監視器清楚地記錄下了你的尊容……

你荷槍實彈闖入另一家銀行，將一張紙條遞到出納員面前，上面寫著：

「安靜！現在搶劫！」受驚的出納員無意中翻過紙條，發現在這張你從私人記事本上撕下的紙的背面，寫著你的姓名、詳細地址和電話號碼……

你剛剛打劫完一家超市，順手拿了一架寶麗來相機。你把鏡頭對著自己試拍了幾下。相機裡滑出幾張灰色的紙片。這是怎麼回事？你隨手把這紙片扔到了購物車裡。你不知道，這是一次性拍照，紙片很快就會顯影爲清晰的照片。你的結局不說也能知道了。

……

假如你是一個強盜（當然，你不是，這只是表演節目），你會記取到什麼教訓？

還是讓一個謙遜的員警來告訴你：很多時候，我們就是靠了罪犯的疏忽才偵破了案件。

你還有什麼話說？

## 3.注意「小部隊」

古語說：千里之堤，毀於蟻穴。

俗話說：針尖大的窟窿，透進斗大的風。

越是小，我們越可能不加注意。但就是這個「小」，很可能是最致命的。

英國國王理查三世，準備與亨利里奇蒙德伯爵帶領的軍隊決一死戰。

這場戰鬥將決定誰統治英國。

國王匆匆跨上了戰馬，率領士兵衝向敵陣。

他還沒衝出一半，身下的坐騎突然馬失前蹄，跌翻在地。理查也被掀在地上。

國王還沒有來得及再抓住韁繩，驚恐的戰馬就跳起來跑了。他環顧四周，看到他的士兵們紛紛轉身逃跑，敵人包圍了上來。

他揮舞著寶劍，喊道：「馬！一匹馬！我的國家傾覆就因爲這一匹馬！」

不一會兒，敵軍圍了上來，理查當了俘虜。

這個傳奇故事出自英國的史實。理查三世在一四八五年的波斯沃斯戰役中被擊敗，只好遜位。莎士比亞就此說過一句名言：「馬，馬，一馬失社稷。」

理查的馬爲什麼就那麼巧出了問題？原來，是因爲他的馬夫在匆忙之中，由於找不到釘子，少給戰馬釘了一隻馬掌。而急於戰鬥的國王對此沒有加以注意！

從那時起，人們就說：

少了一個鐵釘，丟了一隻馬掌；

少了一隻馬掌，丟了一匹戰馬；

少了一匹戰馬，敗了一場戰役；

敗了一場戰役，失了一個國家。

——你看，一個不加注意的小小疏忽，會帶來多麼大的損失！

生活中，還有一種不加注意、招來損失的情況：

一個國內廠家引進外資。外商前來考察。廠長帶著他參觀生產工廠，外商很滿意。就在送外商出門時，廠長喉嚨發癢，隨口在地上吐了一口痰。就這一口痰，讓外商取消了投資的計畫。

一個年輕人到曾憲梓的金利來公司應聘。辦公室門口斜放著一把掃帚，擋住去路。他皺皺眉頭，輕巧地跨了過去。就這一小步，讓他失去了工作的機會。原來，這掃帚是曾憲梓故意放在那裡的。在他看來，不把掃帚順手扶起來，說明這個人一是很懶，二是不習慣為他人著想。這樣的人，條件再好也不能錄用。

隨地吐痰、不扶掃帚，這都是生活的小節，人們往往不加注意。可人家會從這些小節把你的人品看扁了。結果呢，你不加注意的小節，成為了你成功路上最大的障礙。

美國大兵的這一條作戰條例，告訴我們的生活道理很多很多，值得細細玩味。

一場軍事演習正在進行。指揮官的吉普車陷進了泥裡。他看見附近有幾個士兵懶洋洋地坐在地上，便叫他們來幫忙。這幾個士兵一動也不動，其中一個說：「很抱歉，我們已經陣亡了，什麼也不能幹。」指揮官轉身對司機說：「趕快從這些死屍裡拖出兩具，墊到車輪下……」

# 第 11 條

## 重要的事總是簡單的

## The important things are always simple

# 1. 林肯搬「山」

讓我們先來看一個林肯的故事。

一八六二年九月，林肯總統簽署了將於一八六三年一月一日生效的《解放黑奴宣言》。

隨後於一八六四年結束的南北戰爭，確保了這項宣言的實行。壓在千百萬黑奴頭上的一座大山，終於讓林肯搬走了。

曾有記者問林肯，據他所知，上兩屆總統都曾想過要廢除黑奴制，《解放黑奴宣言》也早在他們那個時期就已草就，可是他們都沒有簽署它。他們是不是想把這一偉業留下來，讓你去成就英名？

林肯回答說：可能有這意思吧。不過，如果他們知道拿起筆簽署它，需要的僅是一點勇氣，我想他們一定非常懊喪。

林肯說完這話，就坐著馬車走了。

這位記者一直沒有弄明白林肯這句話到底是什麼意思。直到一九一四年，林肯去世五〇年後，這位記者才在林肯致朋友的一封信中找到了答案。

信中是這樣寫的：

我父親在西雅圖有一處農場，上面有許多石頭。正因如此，父親才得以低價買下它。有一天，母親建議把上面的石頭搬走。父親說，如果可以搬走的話，主人就不會賣給我們這塊地了。它們是一座座小山頭，都與大山連著。

有一年，父親去城裡買馬。母親帶我們在農場勞動。母親說，讓我們把這些礙事的東西搬走，好嗎？於是我們開始挖那一塊塊石頭。不長時間，就把它們弄走了。因為它們並不是父親所想像的山頭，而是一塊塊孤零零的石塊，只要往下挖一英尺，就可以把它們晃動。

記者終於明白了林肯當初給他說的那句話的意思，這就是，許多非常重要的事，完成它其實是很簡單的。需要的，僅是一點勇氣。

林肯的故事，從一個方面印證了美國大兵作戰條例所言：「重要的事總是簡單的。」

## 2. 舉重若輕

還有許多事例，可以印證美國大兵的這一作戰條例。

治理一個國家是不是非常重要的大事?是的。那怎麼治理?很簡單，如老子所說：「治大國如烹鮮。」就是說，治理大國很容易，就如同燉一條小魚，別輕易翻動就是了。如果老翻動、老折騰，那小魚就會爛了，治理國家也是這個道理。

商朝時有一個賢臣叫伊尹，據說他是奴隸出身，會做菜。後來當了國家大臣。他治理國家，遵循的也是簡單的做菜的原則：讓五味調和，菜就會香噴噴的；國家各方面協調，天下就太平富足。他就是如此做的，做得很成功，因此流芳百世。

華倫．巴菲特是僅次於比爾．蓋茲的世界富豪，他的信條是：越簡單，越成功。比如他論述他的投資經驗，說，這就如同打籃球時的投籃，而且是籃下單手投籃，打板入筐。他把錢投入到他認爲靠得住的地方，然後就捂在手裡，經過熊市和牛市。他看中可口可樂，最主要的理由就是全世界的人都會渴，而歷史經驗證明，人們一旦喝上了可口可樂，就會欲罷不能。

巴菲特曾毫不客氣地批評那些教人如何賺錢的商學院一類組織，他說：「商學院更喜歡欣賞複雜的行爲而不是簡單的行爲，而簡單的行爲往往更有效。」

「重要的事總是簡單的。」不要一看是重要的事，就非想著用複雜的辦法去做。那只會把事情越搞越複雜，最後成爲一團亂麻。

大發明家愛迪生在發明白熾電燈時，想知道燈泡容量的資料。他由於手頭工作太多，就把一個沒有上燈口的玻璃燈泡遞給助手，讓助手幫他做。

過了很長時間，愛迪生手頭的工作做完了，可助手還未將資料送來。愛迪生便去找他。

一進門，愛迪生就看到助手正在那裡忙於計算，桌上堆了好多演算紙。

愛迪生問他在幹什麼？助手說，我用軟尺測量了燈泡的周長、斜度，現在正利用複雜的公式計算呢。

愛迪生笑了，他拍拍助手的肩：「你可以用簡單的辦法。」說著，他往燈泡裡注滿了水，交給助手：「把這裡面的水倒在量杯裡，你就可以知道它的容量了。」

重要的事總是簡單的。關鍵在於你能發現問題的癥結所在。這需要一點兒勇氣，也需要一點兒智慧。

有了勇氣和智慧，你就能舉重若輕，四兩撥千斤。

反之，你就會被重要的事、艱巨的事、複雜的事壓趴下。

在古希臘的朱庇特神廟，展示著戈迪阿斯王的牛車。每個參觀的人，都會驚歎戈迪阿斯王在車上打的一個繩結。這個繩結牢牢地把牛軛繫在車轅上，卻看不到繩頭。

神廟裡的神使告訴人們：「誰能解開這個奇妙的結，他將把全世界變成自己的王國。」

每年都有很多人來解這個結，但都無從下手，敗興而去。

幾百年後，征服了整個希臘的亞歷山大來到了神廟。他仔細看這個結，也找不到繩頭。

於是，他舉起了劍，砍下去。繩結斷成了許多段，牛軛掉到了地上。

「整個世界屬於我。」他說。

對於亞歷山大來說，事情就是這樣簡單。

許多時候，簡單的思維反而更能有效地解決複雜的問題。

美國太空署遇到了一個難題：如何設計出一種能夠供太空人在失重情況下使用的筆？這種筆既可以方便地拿在手裡，又能夠不需要經常灌輸墨水，並且書寫流利。他們向社會徵求最佳的設計方案。

一個小女孩回信了，信中說：「試試鉛筆，如何？」

# 3. 簡單的道理

《讀者》雜誌刊登過一篇佚名的文章，專講簡單的道理。我摘錄如下，作爲美國大兵作戰條例的旁注：

有一個人去應徵工作，隨手將走廊上的紙屑撿起來，放進了垃圾桶，被路過的面試官看到了。他因此得到了這份工作。

**原來獲得賞識很簡單，養成好習慣就可以了。**

有個小弟在腳踏車店當學徒。有人送來一部壞了的腳踏車。小弟除了將車修好，還把車子擦拭得漂亮如新。其他學徒笑他多此一舉。車主將腳踏車領回去的第二天，小弟被挖到他的公司上班。

**原來出人頭地很簡單，吃點虧就可以了。**

有個小孩對母親說：「媽媽，你今天好漂亮。」母親問：「爲什麼？」小孩說：「因爲媽媽今天沒有生氣。」

**原來要擁有漂亮很簡單，只要不生氣就可以了。**

有個牧場主人，叫他孩子每天在牧場上辛勤工作。朋友對他說：「你不需要讓孩子如此辛苦，農作物一樣會長得很好的。」牧場主人回答說：「我不是在培養農作物，我是在培養我的孩子。」

**原來培養孩子很簡單，讓他吃點兒苦頭就可以了。**

有一個網球教練對學生說：「如果一個網球掉進草堆裡，應該如何找？」有人答：「從草堆中心線開始找。」有人答：「從草堆的最凹處開始找。」有人答：「從草最長的地方開始找。」教練宣佈正確答案：「按部就班地從草地的一頭，搜尋到草地的另一頭。」

**原來尋找成功的方法很簡單，從一數到十，不要跳過就可以了。**

有一家商店經常燈火通明。有人問：「你們店裡用什麼牌子的燈管？那麼耐用。」店主回答說：「我們的燈管也常常壞，只是我們壞了就換而已。」

**原來保持明亮的方法很簡單，只要常常更換就可以了。**

住在田裡的青蛙對住在路邊的青蛙說：「你這裡太危險，搬來跟我住吧。」路邊的青蛙說：「我已經習慣了，懶得搬了。」幾天後，田裡的青蛙去探望路邊的青蛙，卻發現它已被車子軋死，暴屍在馬路上。

**原來掌握命運的方法很簡單，遠離懶惰就可以了。**

有一隻小雞破殼而出的時候，剛好有隻烏龜經過。從此以後小雞就背著蛋殼過了一生。

**原來脫離沈重的負荷很簡單，放棄固執和成見就可以了。**

有幾個小孩很想當天使，上帝給他們一人一個燭臺，叫他們保持燭臺光亮。結果幾天過去了，上帝都沒來，幾乎所有的小孩都不再擦拭那燭臺。有一天上帝突然造訪，他們每個人的燭臺上都蒙上了厚厚的灰塵。只有一個小孩，大家都叫他笨小孩，因爲上帝沒來，他也每天都擦拭，結果這個笨小孩成了天使。

**原來當天使很簡單，只要實實在在去做就可以了。**

有頭小豬向神請求做他的門徒。神欣然答應。這時剛好有一頭小牛由泥沼裡爬出來，渾身都是泥。神對小豬說：「去幫他洗洗身子吧。」小豬詫異地答道：「我是神的門徒，怎麼能去侍候那髒兮兮的小牛呢？」神說：「你不去侍候別人，別人怎會知道你是我的門徒呢？」

**原來要變成神很簡單，只要真心付出就可以了。**

有一支淘金隊伍在沙漠中行走，大家都步履沈重、痛苦不堪，只有一個人快樂地走著。別人問：「你爲何如此愜意？」他笑著說：「因爲我帶的東西最少。」

**原來快樂很簡單，擁有少一點就可以了。**

……

就職、成功、孩子的培養、個人的快樂、人生的幸福……，這些對於我們每個人都是重要的事。而重要的事總是簡單的。就看你如何把握這個「簡單」了。

在第一天執勤的時候，湯姆被派到廚房來。中士遞給他一把刀，命令他削一大堆馬鈴薯。「喂，中士，」湯姆奇怪地問，「在我們這個技術發達的世紀，部隊裡一定有削馬鈴薯的機器。」「當然，」中士回答，「你正好是那個新式機器。」

# 第 12 條

## 簡單的事總是難做的

## The simple things are always hard

## 1. 爲什麼難？

我曾經在軍隊大院住過十年，經常能見到戰士們操練的情形。

立正，稍息，向右看齊，向前看。

齊步——走，立——定。

再不然就是練站姿：端肩，挺胸，收腹，兩腿並直。大熱的天，一個個站得筆直筆直，額頭上的汗，如斷線的珠子。

班長皺著眉，朝那沒站好的士兵踢一腳，吼道：「別像個縮頭烏龜，站好了！」

戰士們練的都是最簡單的動作，可這簡單的動作，眞是太難練了。

無怪乎美國大兵要總結出這一條：「簡單的事總是難做的。」

誰說事情簡單，就能不費吹灰之力，輕易做成？

大兵有這體會，大藝術家也有這體會。

達·文西十四歲時拜義大利著名的畫家兼雕刻家委羅基奧爲師。在這之前，他已經通過自己的習作，顯露了自己繪畫的才能。但是，委羅基奧給達・文西佈置的第一個作業，就讓達・文西著實費了功夫。

這個作業，就是畫雞蛋。

達・文西天天拿著雞蛋，照著畫。時間過去了很長，老師還是不滿意，讓他繼續畫蛋。達・文西終於忍不住了，問老師，什麼時候才算完？

委羅基奧告訴他：「這小小的雞蛋可不簡單，在一千個雞蛋裡面，從來沒有兩隻形狀完全一樣的。即使是同一個蛋，只要觀察角度不同，照射的光線不同，它的形狀也不同。畫蛋，正是要訓練你的觀察和把握形象的能力，使你能夠隨心所欲地表現一切事物。」

達・文西明白了。他繼續認眞地畫蛋。就從一隻雞蛋開始，他最終創作出了《蒙娜麗莎》、《最後的晚餐》等世界藝術珍品。

許多看似簡單的事，其實是很難做的。這個「難」，難就難在把它做好，或者做到底。

蘇格拉底的學生向老師請教成功的方法。

蘇格拉底說，很簡單。從現在開始，你們每天早、中、晚三次，站在河邊，甩手一〇〇下。

年後，蘇格拉底召集學生到他座下，問：你們都做到了嗎？

學生們不好意思地低下了頭。

蘇格拉底說：「成功其實很簡單，就像甩手一樣。但這樣簡單的事，卻恰恰是難做到的。所以，只有極少數堅持到底的人，才能享受成功的果實。」

美國大兵作戰條例第十一條說：重要的事總是簡單的。

第十二條說：簡單的事總是難做的。

林肯簽署《解放黑奴宣言》，很簡單，拿起筆就是了，但這需要勇氣。

達．文西畫雞蛋，這也很簡單，照著畫就是了，但這需要一絲不苟的態度和敏銳的觀察力。

蘇格拉底讓學生甩手，簡單得很，甩就是了，但這需要毅力和恒心。

大兵們練軍事動作，很簡單，但不付出汗水，就練不成眞正的軍人。

所以說，簡單的事總是難做的。

# 2.用簡單對付簡單

有些簡單的事之所以難做，還因爲人們常常限於固定的思維，總想用複雜的辦法解決，反倒束手無策。只有打破常規的大手筆，才能用簡單對付簡單。

還是雞蛋的故事。

哥倫布發現美洲後回到西班牙，國王爲他擺宴慶功。

許多達官顯貴瞧不起這個沒有爵位的人，認爲發現美洲不過是件很容易的事，他們也可以做到。

哥倫布微微一笑，拿起一個雞蛋，說：「尊敬的先生們，請問你們誰能把這個雞蛋在桌上立起來?」

這還不簡單?

達官顯貴們紛紛登場顯身手。但不管怎麼做，也立不住那橢圓形的雞蛋。

就在眾人罷手時，哥倫布拿起雞蛋，在桌上磕了一下。然後把破雞蛋立在桌子上。

「這太簡單了！誰不會呀？」眾人嚷嚷道。

哥倫布微笑著說：「是的，這很簡單，但在這之前，你們怎麼就沒有想到呢？」

正是：「難者不會，會者不難。」

所以「會」，就是因爲頭腦靈活，能打破一切常規。

當年武則天尚未當女皇時，還只是唐高宗的一個妃子。

一次，外國獻給唐高宗一匹駿馬。

馬是好馬，只可惜桀驁難馴。馴馬師費盡心機，也無法讓這馬馴服。

武則天說：「讓我來馴它。」拿起一把大鐵錘，朝那四蹄亂踢的駿馬的頭上一錘。那馬立刻倒在了地上。

「看。它已經被馴服了！」武則天扔下錘，平靜地說。

唐高宗張著嘴，半天沒合攏……

簡單的事總是難做的。對付難做的事，有時需要的，就是果決——快刀斬亂麻，痛快，並且有效。

## 3. 把簡單做成「不簡單」

當然，哥倫布立雞蛋、武則天「馴」馬的做法，只適用於一些特殊的事情。有許多事情，雖然很簡單，但你不能採取簡單的做法。你要把它看做是一件需要付出全部熱忱、耐心和精力去做的偉大事業，這樣你就能把一件簡單的事情，做得非常不簡單——即不平凡。

比如當個郵差。

郵差的工作很簡單：你把郵件送進收件人的信箱就行了，這不需要高智商或者高深的技術知識。但是，你要把它做得不同凡響，就不那麼簡單了。

弗雷德是美國郵政的一名普通郵差，然而他實現了從平凡到傑出的跨越。他的故事改變了兩億美國人的觀念。

一位叫馬克·桑布斯的作家專門寫了一本書，書名就叫《郵差弗雷德》。

作者說，別的郵差可能把自己的工作看成是枯燥乏味的苦差，弗雷德卻從中看到了爲別人生活帶來改善的機會，而且是積極的改善。

作爲郵差，弗雷德擁有什麼資源呢？一套藍色的工作服，一隻布口袋，就這些！他走街串巷爲人送信，口袋裡裝滿了郵件，腦袋裡卻裝滿了想像。正是這些想像，使他能爲顧客創造價值。

他花費時間來認識顧客，瞭解顧客的需要和喜好，然後利用這些資訊爲顧客提供優質的服務。這並沒有讓他多花一分錢，他只是比大多數郵差用心多一點、創造性多一點。

現在在美國，已經有很多家公司創立了「弗雷德獎」，專門鼓勵那些在服務、創新和盡責上具有同樣精神的員工。

馬丁・路德・金說：「如果一個人是清潔工，那麼他就應該像米開朗基羅繪畫、像貝多芬譜曲、像莎士比亞寫詩那樣，以同樣的心情來清掃街道。他的工作如此出色，以至於天空和大地的居民都會對他注目讚美：『瞧，這兒有一位偉大的清潔工，他的活兒幹得眞是無與倫比！』」

簡單的事總是難做的，因爲把它做得非同凡響，的確不容易。

「當一天和尚，敲一天鐘。」撞鐘，多麼簡單的事情。

如果讓你每天晨昏各撞鐘一次，日復一日，月復一月，年復一年……

你能撞好鐘嗎？

如果你心中沒有撞鐘的神聖感，沒有用鐘聲喚醒沈迷的眾生的宏願，你就會覺得單調枯燥，你撞出的鐘聲只能是空泛、疲遝，沒有什麼意義。

但如果你心中有佛，你的鐘聲就會圓潤、渾厚、深沈、悠遠，響徹天地古今。

戰鬥即將結束，一位空軍軍官去指揮部開會，商討最後的軍事行動。接近斯特摩爾時，一塊木牌擋住了他，上寫：「道路封鎖——有地雷！」一位憲兵正在那裡值勤。他衝著空軍軍官的汽車喊：「對不起，倒行，前方是雷區！」軍官走下汽車，希望憲兵爲他另指一條路。這個憲兵顯然注意到了他的軍服，於是後退一步說：「非常抱歉，先生，我不知道您是空軍。現在，您可以通過了——對於空軍來說，通過這裡萬無一失！」

# 第 13 條

## 好走的路總會被佈上地雷

## The easy way is always mined

# 1. 小心地雷！

一隊新兵將去執行維和任務。

出發前，指揮官告誡說：當地是埋有許多地雷的危險地區，行動要特別小心。

這時，一個新兵舉手提問：「萬一踩上了地雷，應該怎麼辦？」

指揮官遲疑了一下，說：「按照標準程式，你應該凌空躍起大約六十公尺高，然後分散降落在方圓一百公尺的地面上。」

……

據聯合國估計，現在全球有六十個國家的土地上，埋設有一億多顆地雷，每十五分鐘就有一人被地雷炸死或炸成傷殘。

所以，國際社會已經就禁止使用殺傷性地雷達成了《渥太華公約》。儘管許多國家正在準備批准或者已經批准了這一公約，但地雷對人類的危險並沒有完全消除。

美國大兵作戰條例特別提醒：「好走的路總會被佈上地雷。」這是在吃了敵人地雷的許多虧後，得出的血的經驗。

越是好走的路，你越要當心埋有地雷。

一般來說，只有傻瓜，才會在崎嶇難行、人跡罕至的地方去佈雷。在那種地方，頂多炸些山羊野兔，這是不上算的買賣。

道理就是如此明白，但人都有一個怪毛病，就是越明白的道理，越不會照著去做，好像不擰著來，就不算好漢。

我們從戰場轉到日常生活看看。

人都喜歡走好走的路，平坦，省勁，還可以坐汽車兜風。如在高速公路上開車，那才叫一路暢通——爽！

可不幸的是，越好走的路越容易出事兒。你正爽呢，不好，前面車突然減速或停下了，你還沒反應過來，你的車一頭撞進了前面車的後屁股。

然後你就聽吧，丁零噹噹，你後面的車也一輛接一輛追撞了。你們都爽不起來了，你們全踩上事故的「地雷」了！

越是好走的路，越容易有「地雷」——美國大兵的這一條作戰條例，應該寫入交通規則。

## 2. 把好走的路當成不好走的路來走

這麼說來，好走的路反倒是不好走的了？

正是。

戰場上，敵人會給你佈雷，讓好走的路變得險象環生。

生活中，命運會和你惡作劇，讓你平地栽跟頭，一路順境中馬失前蹄。

有一句老話：「富貴不過三代。」

第一代，從窮光蛋白手起家，歷經千辛萬苦，走了最不好走的致富之路，終於苦盡甘來，擁有了萬貫家產。他知道財富來之不易，所以會兢兢業業、勤儉持家。命運一般也不會給他佈雷。

第二代，從小跟著父輩行走在創業路上，耳濡目染，也深知財富來之不易，一般也會謙虛謹慎、小心守業。命運也不會給他佈雷。

到了第三代，那就不同了。爺爺輩、父親輩走過的艱苦路，對於他相當陌生久遠。他生在福窩裡，飯來張口、衣來伸手，出門有馬有車，走的是陽關大道。他揮金如土，鋪張浪費，最後終於踩上大地雷——坐吃山空，破產敗家。

所以，不要以爲沒有半點兒坎坷的人生之路，才是最安全最保險的。人生之路太好走了，早晚你會觸響命運埋下的地雷。

這不是命運故意和你過不去，而是人太順利了，就難免滋長懶惰、輕浮、虛榮、貪婪、驕傲、專橫等許多毛病，命運看不下去，就要拿「地雷」炸你一下，讓你受點兒懲罰，給你點兒教訓！

關公過五關斬六將，一馬平川，走得太順了，於是便驕傲自大，目中無人。人家東吳巴結他，要和他做親家，他來一句：我家虎兒怎能配他犬女？把人家白雪公主說成是小狗，你說氣不氣人？於是人家給他佈下一個大地雷，讓你關公兵敗走麥城，最後連同他那虎兒一道做了刀下之鬼。

電影導演馮小剛近幾年每年推出一部賀歲片，什麼《甲方乙方》、《沒完沒了》、《不見不散》、《大腕》、《手機》……票房那叫一個火。馮小剛的電影之路簡直是太平坦了，可他對此倒有些忐忑不安，在一次電視節目上說，我這心裡總有些不踏實……

不踏實，其實好，這樣才能雖走在平路上，卻能如履薄冰，如臨深淵，謙虛謹慎，避開可能踩到的地雷。

比爾．蓋茲也是懂得「好走的路總會被佈上地雷」這個道理。儘管他的財富之路一直是平坦的，但他卻時時提醒自己：「微軟離破產只有十八個月。」

成功是成功的最大敵人。

好走的路要當成不好走的路來走，這樣，地雷才不會在你腳下炸響。

# 3. 揀那不好走的路走走

在戰鬥時，爲了打擊敵人，有遠見的指揮官經常會命令部隊專揀那崎嶇小道前進，這當然是爲了避開敵人設置的雷區。

生活中，爲了避免舒適的環境使自己怠惰、懶散、不思進取，也需要有意識地走走不平坦的路。或者說，自討苦吃。

東晉時的名將陶侃在任廣州刺史時，每天晨起，都要搬運一百塊磚到屋外，晚上又將磚搬回屋裡。有人問他，爲何自討辛苦？陶侃說，我正致力於恢復中原，如果貪圖安逸，恐怕難勝此任。

搬磚，不但有益於鍛煉意志，也有益於身體健康。

現代人的一大病症，就是肥胖和孱弱，以致走不了幾步路，就氣喘吁吁。這都是生活太安逸，連好走的路都懶得走的緣故——現在許多人都是以車代步，上下樓梯也是坐電梯。

如此的結果，就是不斷引爆身體內的「地雷」：高血壓，高血脂，心臟病，糖尿病……

所以，爲了自家身體健康，你也需要多走走不好走的路，比如爬山，爬樓梯，徒步郊遊，長跑……，你選擇這樣的鍛煉之路，就一定會遠離疾病的「地雷」。

要取得事業的成功，同樣如此。

愛因斯坦曾說過：「我不能容忍這樣的科學家，他拿出一塊木板來，尋找最薄的地方，然後在容易鑽透的地方鑽許多孔。」

這樣做事業，只能滋長投機取巧、沽名釣譽的壞毛病，不但無所建樹，還會毀了自己的前程。

再說了，專揀好走的路走，又怎麼能領略「無限風光在險峰」的壯美境界呢？

不要總貪圖走好走的路，小心那裡面埋有「地雷」。你不妨自討苦吃地走走坎坷和崎嶇，儘管那可能會讓你覺得不那麼舒服，但是，正如一個古人說的：

常有小不快事，是好消息。若事事稱心，即有大不稱心者在其後。知此理，可免怨尤。

咀嚼咀嚼這番話，會讓你更好地理解美國大兵的作戰條例。

決戰前夕，中尉對他的士兵們說：「夥計們，我們現在要一個對一個地幹掉敵人！」一個士兵說：「長官，您能告訴我嗎？我的對手是誰？也許我能和他很好地達成一個雙方都滿意的協定。」

# 第 14 條

## 如果你除了敵人什麼都缺，那你一定在交戰中

## If you are short of everything except enemy,you are in combat

# 1. 敵人最多的美國

在當今的世界上，沒有一個國家能像美國那樣，有著那麼多的敵人。剛剛在阿富汗打完塔利班，美國又在伊拉克對海珊開打。海珊被活捉了，按說不應該再有敵人了，卻誰知敵人還是不少，打著各式旗號的反美武裝，繼續在襲擊美軍。

除了伊拉克，在美國的敵人名單上，還有長長的一串，這就是所謂「邪惡軸心國家」或曰「無賴國家」。具體名單我就不說了。

美國大兵作戰條例說：「如果你除了敵人以外什麼都缺，那你一定在交戰中。」

美國可不就是正處在「交戰」中？

交戰中的滋味並不好受。美國人要過個耶誕節，都沒辦法過好，要時刻提防恐怖襲擊。買棵聖誕樹，都要小心裡面是不是藏了炸彈！

俗話說：「好漢難敵四手。」與如此多的敵人交戰，美國你再能耐，恐怕也難以招架。

美國的當權者是不是有什麼毛病？

有，毛病大了。

諾貝爾文學獎得主、尼日利亞作家沃爾．索因卡稱布希是「危險的狂徒」，說他被一種「救世主的熱情弄瞎了眼睛」。

美國著名作家諾曼．梅勒則稱布希的對伊政策「愚蠢而狂妄」，布希在「911」後，想以軍事強權在世界上建立一個「帝國」，而布希則將成爲這個帝國的「皇帝」。

美國當權者如果不改變它的政策，它就必將會在無休止的交戰狀態中，弄得整個國家精疲力竭，大吐血不止……

## 2. 多個敵人多堵牆

從國際政治看，我們再說回到日常生活。

一個人如果沒有朋友、沒有同伴、沒有愛人，甚至連親人也沒有了，四周全是敵人，像楚霸王，弄到個「四面楚歌」的境地，那一定慘透了。他必須時時提防，隨時進入交戰狀況。那一定非常累、非常累。

當然，也會危機四伏。

俗話說：「多個敵人多堵牆。」道理很清楚，可實際生活中，有人就喜歡到處樹敵，也不知是哪根神經出了毛病。

林肯年輕時就有這毛病。

他那時年輕氣盛，經常寫信寫詩諷刺挖苦別人。他還經常把寫好的信丟在鄉間路上，使當事人容易發現。

一八四二年秋天，林肯又寫文章諷刺一位政客。文章在報紙上發表後，那位政客怒不可遏，下了戰書，要求與林肯決鬥。

林肯本不喜歡決鬥，但迫於情勢和爲了維護名譽，只好接受挑戰。到了約定日期，二人在河邊見面，一場你死我活的決鬥就要進行。虧得在最後一刻有人阻止，悲劇才沒有發生。

這是林肯一生中最爲深刻的一次教訓，讓他懂得了任性抨擊他人，會帶來怎樣的後果。

古希臘神話中有一位巨人英雄，叫海格里斯。一天，他走在山路上，發現腳邊有個袋子似的東西很礙腳。他就狠狠踩了那東西一腳。誰知那東西不但沒被踩破，還膨脹起來，加倍地擴大著。

海格里斯大爲惱火，操起一根木棒就砸它，那東西竟然膨脹到把路堵死了。

這時，智慧女神雅典娜出現了，對海格里斯說：「朋友，快別動它！忘了它，離開它遠去吧。這東西叫仇恨袋，你不犯它，它也許還不會長大。你侵犯它，它就會膨脹起來，擋住你的路，與你敵對到底！」

這個神話告訴我們，人生在世，難免與別人發生矛盾甚至仇恨。但別忘了在「仇恨袋」裡裝滿寬容，這樣，我們就會少一份障礙、多一份成功的機會。否則，你就會永遠被擋在一堵堵的牆前，或者被敵人打倒。

## 3.最好的消滅敵人的方法

華盛頓是美國第一任總統。一七五四年，華盛頓是一名軍隊中的上校，率領部下駐紮在亞歷山大市。

當時正值弗吉尼亞州議會選舉。就候選人問題，華盛頓與一個叫佩恩的人展開了激烈辯論。辯論中，華盛頓說了一些過火的話，這激怒了佩恩。佩恩一拳將華盛頓打倒在地。

華盛頓的部下見自己的長官吃了虧，都跑過來要揍佩恩。華盛頓急忙阻止了部下，並勸說部下返回營地。

佩恩怒衝衝地走了。

第二天一早，佩恩接到華盛頓託人給他的一張便條，約他到一家小酒館見面。

佩恩料想必有一場決鬥，於是做好準備後趕到了酒館。

令他驚訝的是，等待他的不是手槍，而是美酒。

只見華盛頓伸出手迎接他，說：「昨天確實是我不對，不應該那樣說。不過你也已經採取行動挽回了面子。我們扯平了。如果你認為到此就可以了的話，請握住我的手，讓我們交個朋友。」

從此以後，佩恩成為了華盛頓的一個狂熱崇拜者。

儘量不要樹敵。敵人是越少越好。

如果不可避免地有了敵人，那就用最好的方法──「消滅」。

一天，一個年輕的士兵和當了總統的林肯談話。他們討論了打一場戰爭的困難，以及可以用哪些類型的武器打擊敵人。

年輕的士兵問總統，怎樣才能打贏戰爭？

林肯說：「你要知道，經過這麼多年後，我終於找到了消滅敵人的最好方法。」

「那是什麼呢？總統先生。」

「非常簡單。」林肯說，「讓他成為你的朋友。」

一條街上有一家小商店，生意一直不錯。

可後來就在它對面，一家大型超市開張了，許多原來小商店的顧客被吸引到超市去了。

小店老闆愁眉緊鎖。他向牧師請教，怎樣才能打敗超市，把顧客奪回來？牧師對他說：「每天早上，你站在你的商店門前，祈禱你的商店買賣興隆，同時，也大聲祈禱你對面的超市買賣興隆！」

一段時間後，他的小商店終於在激烈的競爭中關門大吉了，但他卻被那家超市聘爲經理，收入比以前更多。

# 4. 跟你的敵人保持聯繫

美國人克里斯．馬修斯分析過這麼一樁史實：

在美國獨立戰爭的歷史上，薩拉托加戰役是那場戰爭的轉捩點。在這場戰役結束後，當英國的柏格因將軍將自己的佩劍交給美國的蓋茲將軍，表示投降的時候，這兩支軍隊的將領立即坐在一起，參加了一場即便是用今天的標準來衡量，都堪稱極其奢靡的晚宴。

僅僅在幾個小時以前，他們還曾經爲了打敗對方而刺刀見紅，拼得你死我活，現在居然坐在了同一張桌子旁，握手言歡，並非常愉快地共進晚餐。這怎麼能讓人理解得了呢？

不過，馬修斯分析道，當你以一個政治家的立場和觀點來看待這場宴會時，你會發覺這是完美的一幕。惟有如此，才能安撫那些戰敗了的英國軍人內心的復仇之情。

「在這個世界上，沒有永遠的盟友，也沒有永遠的敵人，只有永恆的利益。」馬修斯說，偉大的政治家總是同他們的敵人，即使是最兇猛的敵人，保持著對話和聯繫。這樣做的理由也是非常充分的——

首先，它能夠顯示一種強大的力量。當你輕鬆自如地和一個你恨不得要砍掉其腦袋的人閒談的時候，沒有什麼比這更能使你的對手感到強烈的震撼和不安了。

第二，它能夠使你知己知彼。你和你的對手交流得越頻繁，傾聽他們的訴說越多，你就更瞭解他們。

第三，同時也是最重要的是，也許有一天，你會不得不和這個你所討厭的傢夥，也就是你的敵人共事。你在這場決鬥中的對手，很可能是你在下一場戰鬥中非常重要的盟友。因此，任何一個聰明的政治家，都不會關上和自己的敵人的對話與和解之門，即便那是他不共戴天的敵人。

你可能不是大政治家，但你很可能也會遭遇你那個小單位的「辦公室政治」。所以，請記住電影《教父》裡的一句話：

**「跟你的朋友們要保持密切的關係，跟你的敵人保持更密切的關係。」**

這樣做了，你才能避免美國大兵作戰條例描述的那種被動、危險的人生境遇：「如果你除了敵人以外什麼都缺，那你一定在交戰中。」

漢森、維特和柯尼希三個人一起上了前線。在一次戰鬥中，一顆子彈打中了漢森的一條胳膊。他連忙跑去找維特，哭訴道：「上帝呀，我親愛的維特，你瞧瞧，我的胳膊被子彈打中了！」維特滿不在乎地說：「你嚷嚷什麼呀？瞧瞧人家柯尼希，腦袋打飛了都一聲不吭，毫無怨言。」

# 第 15 條

## 飛來的子彈有優先通過權
## （擋它的道，你就倒大霉啦）

## Incoming fire has the right of way

## 1.有益的「廢話」

美國大兵的這一條作戰條例，似乎是不言自明的純粹的廢話。誰不知道飛來的子彈只能躲，不能擋？可一到實際生活中，有些人就把這「廢話」忘啦。

前面說過巴頓將軍在西點軍校時，就置「廢話」於腦後，挺身迎接飛來的子彈——虧得他還算命大，不然他就倒大霉啦。

所以，雖然是「廢話」，還是應該經常念叨著點。

有一個網上幽默，說這天蜜蜂看見螞蟻躺在溝裡，卻伸出了一條腿。蜜蜂問他幹嘛呢？螞蟻說：「待會兒我要把大象那傢伙絆個跟頭。」可笑吧？可生活中，卻時不時有人幹這「螳臂擋車」的可笑營生，如莊子慨歎的，勇固勇矣，可也太不自量力了。

當年蔣介石發動大軍圍剿中央蘇區，當時的紅軍領導人聽從共產國際軍事顧問的「高見」，不顧敵我力量懸殊，非要打陣地戰，要「禦敵於國門之外」。結果損失慘重，到第五次反圍剿時，紅軍損失了90％還多。再打下去，老本都要折光了。這時才明白：「飛來的子彈有優先通過權。」於是開始戰略轉移，就是不硬碰硬了，「三十六計，走爲上計」，先避開「子彈」再說。

當時惟有毛澤東是深諳此理的。他有一句名言：「打得贏就打，打不贏就跑。」跑是爲了以後更有力地打擊敵人。於是才有了二萬五千里長征，最後在蔣介石的子彈難以打到的陝北穩住了腳，慢慢發展起來，到十二年後，兵強馬壯，一路密集的子彈打過去，打得蔣介石也只好跑，跑到臺灣島上去了。

《孫子兵法》中說：「無邀正正之旗，勿擊堂堂之陣。」意思是不要迎擊部署周密的敵人，不要進攻營陣嚴整的軍隊。這也是說，不要與飛來的子彈，而且是殺傷力極強的子彈針尖對麥芒，硬碰硬。除非你是比石頭還硬的雞蛋！

這條作戰條例同樣可以用於我們的職場生涯、商場生涯、官場生涯。

當你面對比自己強大的競爭對手時，你不要正面死磕。惹不起，還躲不起？躲開了，另起爐灶，或者等待時機，來個後發制人，一樣可以成功。

據說，如果一個猶太人在美國的一條街道上開了一家餐館，後來的另一個猶太人會開一家修車廠。

而中國人則不同，如果一個中國人在這條街上開了一家餐館，後來的第二個、第三個中國人也會開餐館。

在這個案例中，中國商人顯然不如猶太人聰明。猶太人是避開正面的競爭，而中國人則是非要在一個行當裡拼個你死我活。

顯然，猶太人的做法符合美國大兵的作戰條例，也符合孫子兵法。幹嘛一定要正面衝突呢？特別是當你的實力遠沒有對手強大時，你就讓他通過吧。

他走他的「陽關道」，我走我的「獨木橋」——我也能通過！

## 2. 最重要的是活下去

生活中，我們常常會遇到力量強大於我們十倍、百倍的「敵人」——這包括競爭對手、自然災害、惡勢力等，這時，我們不能正面硬扛。我們要聰明地躲避。「留得青山在，不愁沒柴燒。」

二〇〇二年的諾貝爾文學獎，授予了匈牙利作家凱爾泰斯。凱爾泰斯出生於一個猶太人家庭，一九四四年，當他十五歲時，他被納粹投入了奧斯威辛集中營。第二年又轉到布痕瓦爾集中營。一九四五年五月獲救。

當時，大約有六百多萬猶太人死於納粹的集中營，凱爾泰斯是少數倖存者之一。他根據自己的經歷，寫下了他的處女作《無法選擇的命運》。這也是他獲獎的主要作品。

在這部小說中，凱爾泰斯寫了一個被關進集中營的少年，面對野蠻的納粹，體驗到了種種恐怖。在納粹的殘酷高壓下，個體的生命是那麼脆弱。但少年學會了生存，學會了適應，他意識到：「人無法開始新的生活，你只能繼續現在的生活。」他決心「繼續過那沒法過的生活」。他忍受著殘酷和恐怖，居然還能時不時地找到一些快樂。

瑞典文學院評價說，凱爾泰斯的作品，探討了「在一個人們受到社會嚴重壓迫的時代裡，繼續作爲個體生活和思考的可能性」。

惡勢力是那麼強大，脆弱的個體如果躲避不了，那就不得不忍耐、適應，憤慨、抗議、以死相拼，勇固勇矣，但也會被惡勢力加倍地摧殘。對於弱者來說，活下去，是最重要的。

這是怯懦嗎？不，這是更加深刻的勇敢，明智者的勇敢。

你看那曠野上，當風暴雷電襲來時，高傲的大樹迎風抗爭，結果被摧折、被擊倒，而野草則隨風俯下身子，有效地保護了自己。當著風暴過後，面對身邊折斷的大樹，惟有小草重新恢復了勃勃生機……

富蘭克林是美國的政治家、科學家、《獨立宣言》的起草人之一。有一次，他到一位前輩家拜訪，進門時，不小心頭碰在了門楣上。

迎接他的前輩對他說：「很痛吧？可是，這是你今天來我這裡的最大收穫。要想平安無事地活在世上，就必須在該低頭時低頭。你永遠不要忘了。」

電視劇《水滸傳》裡唱道：「該出手時就出手。」

不過，你也要記住：該低頭時就低頭——特別是當子彈朝你的腦袋飛來的時候。

## 3. 當不當俘虜？

這裡，我想說說戰俘問題。

「戰鬥到最後一顆子彈」，「寧死不當俘虜！」這是我們一直接受的英雄主義教育。因此，誰如果當了敵人的俘虜，那就會被人們看做「怕死鬼」，遭到人們的鄙夷。

但有一個人卻不這樣認爲，他就是二戰時接受日本投降的佔領軍司令官道格拉斯．麥克阿瑟將軍。

一九四五年九月二日，日本投降儀式在美艦「密蘇里」號上舉行。當麥克阿瑟代表盟軍將要在日本的投降書上簽字時，他突然招呼陸軍少將喬納森．溫斯特和陸軍中校亞瑟．帕西瓦爾過來站在自己身後，並且在一共用了五支筆簽字後，把第一和第二支筆分別送給了他們二人。

這個舉動，讓所有在場的人感到驚訝。因爲這兩位都是剛從日軍的戰俘營裡獲釋，然後乘飛機匆匆趕過來的。

當過俘虜的人，居然分享了戰爭勝利的巨大榮譽，這不是太……

然而，麥克阿瑟卻自有考慮：

他們都是在率部苦戰後，因寡不敵眾，沒有援兵，並且在接受了上級的旨意後，爲了避免更多的士兵無謂犧牲，才忍辱負重放棄抵抗的。他們同樣應該受到應有的尊重和理解。

飛來的子彈有優先通過權，這是無奈的事情。做戰俘並不是叛變投敵，這是戰爭中保全軍人生命的最後辦法。

此次伊拉克戰爭前，美國大兵們接受的一項訓練，就是學會如何做戰俘。爲期三周的戰俘訓練課程的正式名稱是「超壓力灌輸」，包含四大科目：野外生存、躲藏逃脫、積極抵抗、保命要緊。

且看第四個科目，這就是在逃不脫又抵抗無效的情況下，淪爲了俘虜。學員將被關進模擬的戰俘營。教官扮演看守，身著異國的軍服，用外語對學員怒斥謾罵，動不動就拳打腳踢（是眞打！），還不讓喝水、吃東西、睡覺……

這一訓練的目的，就是要「激發學員的生存潛能」，讓大兵們學會在極端惡劣的情況下，如何忍耐並且活下去。

中國古話說：「大丈夫能屈能伸。」當戰俘訓練，也是屈伸之道的一門學問，它符合美國大兵的作戰條例：不同飛來的子彈較勁。

不要認爲只有迎著子彈上，才是英雄主義。必要的躲避、放棄、低頭，也並不是不可以的。

這也就是當恐怖分子劫持飛機、威脅要引爆炸彈時，有關方面通常都會儘量採取談判和心理攻勢來解決危機，而不會輕易使用特種部隊強攻。因爲保全人質的生命是第一位的。

現在警方在告知市民防範盜賊搶劫時，也提醒大家，在沒有把握的情況下，不要輕易與窮兇極惡的罪犯搏鬥，可以遵從盜賊的要求，交出財物，同時記住盜賊的容貌等特點，等危險解除後再報警破案。

這樣做，不排除仍然會被盜賊傷害的可能性，但是，兩害相權取其輕，畢竟，「飛來的子彈」它有優先通過權。

這是一份眞實的海上無線電通訊的副本，記錄了在加拿大紐芬蘭島附近一艘美國軍艦和加拿大人的對話。

美方：爲了避免相撞，請將你們的航向向北調整十五度。完畢。

加方：爲了避免相撞，我們要求你們將航向向南調整十五度。完畢。

美方：這是一艘美國戰艦的艦長在和你們通話。我再說一遍，請你們調整航向。完畢。

加方：重複。請你們調整航向。完畢。

美方：這裡是航空母艦「林肯」號，美國大西洋艦隊的第三大艦隻。請你們將航向向北調整十五度，否則我們將採取必要的手段，以保證「林肯」號的安全。完畢。

加方：這裡是一座燈塔。完畢。

# 第 16 條

## 如果敵人在你的射程內，
## 別忘了你也在他的射程內

## If the enemy is in range,
## SO ARE YOU!

## 1. 狙擊手的較量

有一部由法國導演讓·雅克·阿諾執導的電影，叫《兵臨城下》，講述了二戰中，蘇德兩個狙擊手之間的生死較量。這部電影，很好地詮釋了美國大兵的這一作戰條例。

這部電影是基於眞人眞事創作的。

影片的主角叫瓦西里，他本是蘇聯烏拉爾山區的牧羊人，多年的放牧、獵狼生活，練就了他一手好槍法。史達林格勒保衛戰打響後，瓦西里應徵入伍。他憑一槍斃敵的絕招，在不到十天裡，就狙殺了四十多名德國兵。一時間，威名大振。

然而在幾天後，蘇軍的狙擊手也連連被槍殺，對方同樣只使用一發子彈。眞正的對手來了！他就是德國狙擊學校校長寇內克。

「整個早上都在等，爲的是不讓瞄準鏡的反光暴露位置……太陽轉過去了，對面的掩體後隱約有閃光。難道狙擊手就在後面，難道是僞裝？……子彈穿透了鋼盔……有人慘叫……是圈套！槍響了……」

瓦西里和寇內克，都是經驗豐富的狙擊高手。他們都深知：當對手在你射程之內時，你也同樣在他的射程之內。

所以，爲了消滅對方，他們首先做的，就是儘量地隱蔽自己，「不讓瞄準鏡的反光暴露位置」。

其次，就是耐心地等，等待對方沈不住氣，先開槍，自己就可以迅速判定敵方位置，開槍！

保存自己是爲了消滅敵人，所以，他們採取的第三招，就是設誘餌，布圈套。一旦對手上當，就立即動手。

到了最後的交鋒。兩個狙擊高手都要做獵人，等待對方做那隻撲上來的餓狼。

本來瓦西里不可能射到對手，因爲對手隱蔽得太好了。但這時，一個叫丹尼洛夫的戰友，由於愛情失敗，不顧一切地向寇內克開槍，結果無意中成了一道誘餌。當寇內克向丹尼洛夫開槍時，瓦西里有了擊斃對手的機會。

這是一場驚心動魄的生死較量，遵從美國大兵的作戰條例，瓦西里最終獲勝。

永遠別忘了，當敵人成爲你的靶子時，你同時也會成爲對方的靶子。

只有隱蔽、耐心、誘餌，你才可能戰勝狡猾的敵手。

而麻痹、輕率、魯莽，則會讓你成爲對方的獵物。

這一條，不但適用於戰場，也適用於政治鬥爭。

看一個三國故事。

曹操死後，太子曹芳即魏國皇帝位，司馬懿與曹爽輔政。

這曹爽時時想大權獨攬，欲除掉司馬懿。他採取明升暗降的辦法，奏請魏主曹芳批准，讓司馬懿做了閒職太傅，自己則掌管了兵權。

對此變動，司馬懿表現得十分順從，並且聲稱自己有病，不再參與朝政。

曹爽擔心司馬懿有詐，於是，派李勝前去司馬懿家中探聽動靜。

李勝來到司馬懿家，只見司馬懿一副病容，躺在床上，由兩個丫環扶著才能勉強坐起。

談話中，司馬懿答非所問，一副病得耳聾眼花的樣子，喝藥時，還把藥湯灑了一身……

李勝回來，把此情況向曹爽彙報，曹爽大喜：「看來這老傢夥是沒幾天活頭了。」於是放下心來。

曹爽只想著司馬懿在自己的射程內被「射」倒了，卻忘了他自己恰恰也正被司馬懿瞄準著呢。所謂生病，不過是司馬懿隱蔽自己、引誘曹爽上當的幌子。

幾天後，曹爽和魏主曹芳，帶領御林軍出城打獵。司馬懿乘此機會，帶領家將舊部，闖入朝中，威逼郭太后下旨，懲辦曹爽。太后無奈，只得下旨。司馬懿重掌兵權，曹爽最後落個被殺的下場。

作爲曹爽，他應該記取的教訓是，一，不要輕易把司馬懿列入自己的射程內。如果必須列入射程內，則二，記住，自己也同時成爲了對方的靶子，不要被對方迷惑，不射則已，射就要一槍斃敵。

可惜，事已晚矣，司馬懿不是曹爽，他一槍就把曹爽斃了，沒有給曹爽留下翻身的任何機會。

## 2.普京悟出的道理

俄羅斯總統普京是在大雜院裡長大的孩子。大雜院裡的孩子打群架是常有的事。普京曾談到他頭次挨人揍的情形。

他說，第一次挨人揍，他感到很委屈。打他的那小子看上去是個瘦猴。不過，他很快便明白，那小子年齡比他大，力氣也比他大得多。對少年普京來說，這件事不啻是街頭「大學校」給普京上的很重要的第一堂課。他由此得出了幾點結論：

首先，不到萬不得已，不要輕易捲入衝突。因爲捲入衝突，就等於把自己暴露在了對方的攻擊射程內。

當時，那孩子對普京只是說了句什麼，而普京卻很粗魯地頂了回去。那話簡直能把對方噎死。普京說，這是我不對，我這樣欺負人家是毫無道理的，因此，我當場就受到了應有的懲罰。

第二，不要仗著自己強大，就欺凌弱小。弱者的反抗常常會非常激烈。

普京說，如果當時站在我面前的是個人高馬大的壯漢，也許我就不會對他這樣粗暴。因爲這孩子第一眼看上去瘦骨伶仃，我才覺得可以對他撒野。但當我吃了苦頭的時候，我才明白不能這樣做。我明白不論對誰都應當尊重。這是一次很好的、實在是有「示範意義」的教訓。

第三，時刻做好準備，一旦遭人欺負，馬上就應當進行回擊。馬上！

普京說，這些道理，後來的克格勃也在教他。但早在孩提時代的多次打架中，他對此就已爛熟於心，很好掌握了。

普京說——

如果你不準備動武，你就不要拿起武器。

只有在你最終決定「我現在要開槍」時，你才需掏出手槍。

一旦你下決心打這一架，那你就要堅持到最後。

換句話說，不打則已，打則必贏。

「如果敵人在你的射程內，別忘了，你也在他的射程內。」

不要輕易捲入衝突，不要輕易樹敵。因爲你一旦將對方設定爲敵人，對方也就會把你設定爲敵人。

有一則伊索寓言：

獅子偶然闖進了農場。農場主想捉住它，於是關上了農場大門，將獅子困在裡面。

無路可逃的獅子咬死了許多羊，又撲向牛群一陣亂咬。農場主開始害怕，他擔心獅子再來咬他自己，於是打開門，放走了獅子。

望著滿地被獅子咬死的牛羊，農場主痛心不已。妻子對他說：「這都是你自找的，平時聽見獅子吼，你都會嚇得發抖，這回卻要把獅子關在自己農場裡，以你的膽子和力氣，你能成功嗎？」

只有當你無路可退，只有「打」這一種選擇時，你才能拔出你的槍！

## 3. 依此類推……

從美國大兵的這一條作戰條例，還可以類推出許多：

如果你不尊重別人，別人也不會尊重你；

如果你疏遠對方，對方也會疏遠你；

如果你向對方走近，對方也就縮短了與你的距離；

如果你總想算計別人，別人也一定會更小心地應對你；

如果你用謊言傷害了對方，對方也不會再輕易相信你說的話；

如果你從不借錢給別人，你也就很難從別人那裡借到錢；

如果你把一件事做髒了，這件事也同樣會髒了你的手；

如果你糊弄生活，生活也必然會糊弄你；

如果你總是抱怨命運，命運也不會特意照顧你……

這就像物理學中的作用與反作用，數學中的等比公式，澳大利亞土著人玩的「飛來器」——你對生活作出的每項舉動，都會回應到你的身上。

當然，有時也會有點兒小小的例外——不過實質是一樣的，就像下面這個故事裡的情形：

有一個人去動物園看猩猩。

他先向猩猩敬禮，猩猩也模仿著向他敬禮。

他又向猩猩作揖，猩猩便也向他作揖。

此人覺得太好玩了，就向猩猩扒眼皮。不料猩猩這次沒有模仿，而是打了他一巴掌！

這人很生氣，去問飼養員。飼養員告訴他，在猩猩的語言裡，扒眼皮是罵對方笨蛋，所以猩猩要打他。

這個人恍然大悟。第二天他又去看猩猩，準備教訓一下猩猩。

他向猩猩敬禮，猩猩也敬禮。

他給猩猩作揖，猩猩也作揖。

他拿出一根大棒子，朝自己頭上打了一下，然後把棒子交給猩猩。

——你猜猩猩怎麼做的？它向那人扒了扒眼皮。

種瓜得瓜，種豆得豆。

生活是一面鏡子，你對它笑，它就笑；你對它哭，它就哭；你要是打碎了它，它的碎片就會扎傷你。

在某一次軍事演習中，某小隊奉命在指定地點等待直升機的到來。但是，飛機始終未到。這時，隊長看見一個老婦在田裡種菜。於是他上前詢問。爲了讓老婦明白，他說：「夫人，您看到一隻鐵鳥飛過嗎？」老婦想了想，說：「鐵鳥沒看見，直升機倒是看到過一架。」

# 第 17 條

## 要一起用才能生效的裝備
## 通常不會一起運來

## Things that must be together to work usually can't be shipped together

## 1. 諾曼地登陸

一九四四年六月，諾曼第戰役即將打響。

為了確保登陸成功，盟軍已經在英國南部地區，集結了二百八十八萬兵員和各種物資。

飛機、艦艇……這些要一起用才能生效的裝備都已運來了。

但是，還有一樣「裝備」遲遲沒有來。

這就是好天氣。

從六月一日到五日，天氣都是陰沈沈的。海上濁浪翻滾，天空烏雲密佈。這樣的天氣，登陸艇會因海浪大而難以靠岸，飛機會因能見度差而影響轟炸。

盟國遠征軍最高統帥艾森豪將軍的臉色，也同天氣一樣陰沈。

在每一次的指揮官會議上，都因難以做出登陸決定而使艾森豪苦惱不已。

六月四日，上午四時三十分。艾森豪在索斯威克別墅會見他的部下。他宣佈延遲二十四小時再作決定。

六月五日晚上九時四十五分，舉棋不定的艾森豪終於下定了決心：「不管境況如何，現在我們必須行動了。再等下去會更加危險。所以，讓我們幹吧！」

諾曼地登陸的命令下達了，各路司令官們從椅子中一躍而起，衝出門，趕往他們的指揮所。

六月六日晨，盟軍利用漲潮時機和剛剛出現的短暫的好天氣，開始了決定二戰命運的諾曼第戰役……

「要一起用才能生效的裝備，通常不會一起運來。」

這種情況下，爲了爭取勝利，你必須像艾森豪一樣，「不管境況如何，現在必須行動」。

如果非要等到萬事俱備才行動，那就黃花菜——全涼啦！

## 2. 活人還能叫尿憋死？

很多時候，如果「要一起用才能生效的裝備」沒有一起運來，你就需要設法「創造」出那沒運來的「裝備」。如同當年大慶石油工人開發大油田時說過的：有條件要上，沒有條件創造條件也要上！

一九四〇年六月，義大利與德國結成同盟，宣佈與英法開戰。

爲了打擊義大利軍隊的囂張氣焰，英軍特種部隊「襲擊隊」決定破壞一條從沃爾什諾山上通下的導水管，從而切斷義大利一些軍港的淡水供應，讓義大利軍隊不能順順當當的從軍港出兵。

襲擊隊制定的作戰方案是：突擊小分隊乘八架威特雷式轟炸機，先飛抵馬爾他，然後，六架轟炸機運載小分隊，另兩架則裝滿炸彈準備實施牽制性攻擊，或對地面進行火力支援。突擊小分隊跳傘著陸後，立即對沃爾什諾山山腰處兩條平行設置的導水管實施爆破。完成任務後，小分隊趕到塞列河口，登上一艘等在那裡的英軍潛艇回國。

一九四一年二月的一個夜晚，突擊小分隊按原計劃傘降在目的地。帶隊的普里查德少校在清點隊伍時，卻發現負責爆破的戴利上尉和工兵們不在集合的佇列中。原來，戴利所乘的飛機因發生機械故障未能按時起飛。好不容易升空後，又迷航飛錯了地方。於是戴利上尉和他的爆破小組，全部糊裡糊塗空降在距目標數十公里的山谷中。

沒有工兵，這還好辦。曾當過幾個月工兵的派特森少尉自告奮勇，重新組建了一支爆破小組。

可是，原用於爆破的炸藥及爆破器材全在戴利上尉那裡。這可怎麼辦？「要一起用才能生效的裝備，通常不會一起運來」，現在應驗了。

天無絕人之路。派特森少尉靈機一動，想到了一個辦法：他讓突擊隊員們將詭雷、手榴彈全部集中起來，綁紮成捆，作爲爆破器材。

爆破終於實施了。隨著三聲巨響，水管爆裂，水柱沖天而起，約有數十米高。突擊隊員們都歡呼起來。

當然，由於缺少炸藥，爆破力量不夠，水管的破損程度並不十分理想。但畢竟比沒有爆破強。

更重要的是，這次爆破行動是在德意法西斯連打勝仗，而盟軍連遭敗績的情況下實施的，雖然規模較小，戰果也不甚明顯，卻向德意法西斯顯示了盟軍的戰鬥意志，鼓舞了盟軍的士氣。

美國大兵的作戰條例提醒我們，要有應付意外變故的心理準備。把不順遂、不如願想得多一些，甚至當作家常便飯，你就不會在遇到意外變化時手足無措，亂了陣腳。

而英國突擊隊的戰例則告訴我們，在情況發生變化、條件不充分的情況下，你也是可以有所作爲的。

用一句粗話講：活人還能叫尿憋死？

辦法總會有的，就看你的主觀能動性發揮得如何。

如果你死等、死靠，沒有廁所就不知怎麼辦，那可就眞會讓尿憋死的。

# 3. 沒有E-mail，怎麼辦？

人生也是如此。

你想成功嗎？可那些通常人們認爲能幫助成功的條件，比如資金、家庭背景、社會關係，甚至健康的身體條件，通常也不會一起幸運地爲你所擁有，有時，你還可能一樣也不具備。那怎麼辦？認命嗎？服輸嗎？

——不！

有一個人去一家大公司求職。

公司的人力資源主管對他說：「你有E-mail嗎？我們回頭好通知你錄取與否。」

他回答：「沒有。」

主管輕蔑地撇撇嘴：「連這也沒有，你太落伍了。我們無法聘用你。」

這人走出來，看到一個撿破爛的，正在垃圾桶裡翻找有用的東西：報紙、易開罐什麼的。

他心中一動，決心從垃圾開始自己的事業。

幾年後，他成爲了一家垃圾回收公司的老闆，財富可觀。

記者來採訪他。臨別時，記者問：「您有E-mail嗎？我將把報導傳給您，請您過目。」

他笑了：「如果我有E-mail，就不會有現在自己的事業了。我將只是別的公司的打工仔。」

條件不具備，不見得你就只能無所作爲。雖說是「成事在天」，但也不要忘了「謀事在人」。只要不違背客觀規律，你盡可以開動腦筋、積極行動，你一樣能成功。

山重水複疑無路，柳暗花明又一村。

有時，「沒有條件」反倒能激發你的創造潛力。條件太完備了，或許你還會被限制住手腳、循規蹈矩，最後戰果平平。

# 4. 你就是最有利的條件

不要遇到「一起用才能生效的裝備」沒有一起運來，就怨天怨地。你要知道，這是經常會發生的事。事已如此，埋怨有什麼用？還不趕快另想辦法？

不要看到條件不具備，就唉聲歎氣，覺得什麼也做不成了。事在人爲，沒有條件可以創造條件。

不要忘了，即便什麼條件也沒有，你還有一個最大的有利條件，這就是你自己。

有些人可能會覺得自己沒有任何條件、沒有任何資本來創業。但是，年輕人，到圖書館去吧，借一些好書，看一看上帝賦予了我們每個人多麼奇妙的財富。這些財富就在你的手中、在你的腳下、在你的眼睛裡、在你的耳朵中。然後，讓命運的醫生帶你到解剖室，聽一聽他對你所讀的內容是如何解釋的。

永遠不要再犯這樣的錯誤，說自己沒有創業的起步資本，這簡直就是在褻瀆上帝。至於說到條件，即便是世界上最貧窮的年輕人，他的身上也具備上帝能夠賜予他的禮物和財富。

這是美國成功學家馬登說的一段話。

你還爲「一起用才能生效的裝備」沒有一起運來而懊惱嗎？

列兵約翰第一次站崗。值班軍官交待說：「你的任務就是負責從崗樓到前面那顆紅星之間這一距離。」當另一位士兵來換崗時，值班軍官發現哨兵不在位。他們一直等了四個小時，約翰才氣喘吁吁回來。「你跑哪兒去了？難道我沒有交待你嗎？」軍官發火道。「是的，長官，您是交待過。可是那紅星是汽車尾燈，它開動了，我只好追……」約翰委屈地說道。

# 第 18 條

## 無線電總會在你急需火力支援時斷掉

## Radios will fail as soon as you need fire support desperately

# 1. 自己救自己

美國大兵總是在說這樣的喪氣話，可是，你又能說他說的沒有道理嗎？即便不是「總會」，但在你通過無線電急呼火力支援時，無線電卻失靈了，讓你氣惱不已——這樣的情況在戰場上並不少見。

就是在日常生活中，你也會常遇到這種「叫天天不應，叫地地不靈」、無法求援的窘迫情況。

現在手機很普及，遇到緊急情況，需要人幫忙時，你可以向親朋好友撥打手機求助。但是，你也很可能會遇到對方關機，或者「你呼叫的用戶不在服務區，請稍候再撥」的無奈情形。

所以，你如果想從危難中脫身，就不能把寶全押在外援上。你要學會自己救自己，就像小孩子學會自己跌倒了自己爬起來。

前面我們說了美國空軍飛行員被擊落後求生的幾條活命要訣，那是講儘量不要暴露自己，因爲那會招來攻擊。還有一些活命要訣，則是講在失去聯繫後，飛行員如何自救。

保持警惕：在戰時，先選擇別人不會發現、周圍視界良好且有多條逃生之路的地方藏匿；立即處理好傷情，並盡可能多休息，每天保證七——八小時的睡眠時間。

尋找水源：如果沒有食物，可生存幾周，但若沒有足夠的水，則三天後就難以生存。因此，在安全條件允許的情況下，要盡可能多喝水以防脫水。可通過收集雨水、融化雪水、深挖土地和榨取樹汁等辦法取水，切忌飲用污水。

尋覓食物：吃昆蟲、植物和松鼠之類的小動物，可以維持生命，但食前務必要與你攜帶的生存指南對照一下，以免中毒。

就地取材：要盡可能就地取材，充分利用各種裝備以求生存。如飛機上的某些零件可當炊具；頭盔可當水桶；氧氣面罩上的氣管可當吸管；罐頭起子可改造成縫衣針；傘布不僅可用來防曬、防雨、防寒，而且可以裹在腳上防止凍傷。

切勿絕望：任何時候都要保持樂觀的情緒，要從心底打消放棄的念頭。要想隨時都可能被自己人發現，並一定會把你營救出去。要想別人也曾碰到過與你一樣的情況，由於他們都是按照你所訓練過的方法做了，因此都生存了下來。這是最後一條，也是最關鍵的一條。

曾看過一篇報導，講一個美國的登山運動員（可惜名字我忘了），在一次登山下來時，不小心掉進了一道石縫，一條腿被死死地卡在裡面。

那荒山野嶺的，任他喊破喉嚨，也不會有人來搭救。也許他可以用手機，但報導裡沒提，估計他也沒帶，或者帶了，信號也發不出去。

眼看著天色漸漸暗下去，他又冷又餓，再這樣耗下去，他很可能會凍死。

這時，他果斷地拿出隨身帶的一把瑞士軍刀，冷靜地把自己的那條腿割——斷——了。然後，撕下衣服包紮好傷口，爬向山下。

他掙扎到了公路上，遇到了經過的車，被送到了醫院。

他終於靠自己的勇氣和理智，救了自己一命。

你急需火力支援嗎？

如果通過無線電，能夠及時叫來援軍，那當然一百個好。

但你也要防備無線電「關鍵時刻掉鏈子」。你時刻都要做好獨立作戰的準備。

如毛澤東說的：我們希望有外援，但我們不依賴它。我們把基點放在自力更生上。

## 2. 學會自己繫鞋帶

有一個虔誠的佛教徒，遇到了一件很困難的事。他首先想到的就是去寺廟裡求觀音菩薩。

他跪在觀音像前叩拜。他發現自己身邊有一個人也跪在那裡。

仔細一看，那人長得和觀音一模一樣。

他忍不住問：「你怎麼這麼像觀音呀？」

那人回答：「我就是觀音。」

他很奇怪：「既然你是觀音，那你爲何還要拜呢？」

觀音笑著說：「我也遇到了一件非常困難的事。然而我知道，求人不如求己。」

從「求人不如求己」，我聯想到了一個詞，就是「自立」。

據報導，現在日本年輕人中，有一種人被稱爲「蟹居族」。他們都已經老大不小了，二十多歲，甚至三十多歲，仍然依賴著父母。他們自己不工作，花錢就朝父母伸手。這種人沒有絲毫自立的能力，他們正成爲日本的一個嚴重社會問題。

做人可不能做這樣的「蟹居族」。

現在美國中產階級中，有這樣一個口號：「給孩子一個工具箱！」他們鼓勵孩子的，就是讓孩子從小學會自立，而不是躺在父母的身上生活。

美國總統小布希上臺，提出了一個針對富人的減稅建議，包括取消遺產稅。得知這一消息，一百二十名美國富翁聯名上書，請求議會不要取消遺產稅。他們的理由之一就是：一旦取消遺產稅，將使美國百萬富翁、億萬富翁的孩子不勞而獲，這些孩子們將不再勤奮努力，這對整個社會是有害的。

這些富翁的領頭人，就是比爾．蓋茲的父親。

《讀者》上有一篇短文，題爲《父母的能與不能》，我在這裡摘錄幾行：

我能給予你生命，但不能替你生活。

我能指導你如何做人，但不能為你所有的行為負責。

我能告訴你怎樣分辨是非，但不能替你做出選擇。
我能教你如何尊重他人，但不能保證你受人尊重。
我能對你談人生真諦，但不能替你贏得聲譽。
我能告訴你必須為人生確定崇高的目標，但不能替你實現這些目標。
我能肯定我將盡自己最大的努力，給予你最美好的東西，但不能給予你前程和事業。

……

「無線電總會在你急需火力支援時斷掉。」
無論這支援是來自父母、親人還是朋友，你不能凡事都指望它，一輩子都依賴它。
你要學會自立。
學會獨立地判斷和做出決定。
學會爲自己的鞋繫鞋帶。
因爲，「無線電」總有偶然斷掉或永遠斷掉的可能！

## 3. 沒有人會帶你去釣魚

美國潛能激勵專家魏特利講過他童年時的一件事情，這件事使他懂得了一個生活的道理：你必須靠自己的力量，去實現自己大大小小的夢想。不要總把希望寄託在別人要幫助你的承諾上。別人──任何人都可能對你失約。這就如同原本可以幫你的無線電隨時都可能斷掉一樣。

魏特利說，當他九歲時，在聖地牙哥他家附近，有一個陸軍制空炮兵團。那時他父親身在國外，他與這個炮兵團的士兵成了好朋友。這些士兵會送給他一些軍中紀念品，如陸軍僞裝鋼盔、槍帶、軍用水壺等。魏特利則回贈以糖果、雜誌，或邀請他們到家中吃便飯。

有一天，一個士兵對他說：「星期天上午五點，我帶你去船上釣魚。」

小魏特利高興極了，說：「這太棒了！我一直在夢想能在船上釣魚。我太感謝你了！我要告訴我媽媽，下星期六請你過來吃晚飯。」

到了週六晚上，小魏特利興奮地和衣上床，爲了確保不會遲到，還穿著網球鞋。那一夜他久久不能入睡，清晨三點就爬起來，準備好了漁具箱，還有兩份花生醬和果醬三明治……

他坐在家門外的路邊，等待著他的大兵朋友出現。

但那大兵失約了。

魏特利說，「那可能是我一生中，學會要自立自強的關鍵時刻。」他沒有因此而自憐自艾，也沒有爬回床上生悶氣，或者去向母親、兄弟姊妹訴苦。相反的，他跑到一家售貨攤，用他幫人除草所賺的錢，買了一艘補綴過的單人橡膠救生艇。直到快中午時，他才將橡皮艇吹滿氣。他把它頂在頭上，裡頭放著釣魚用具，來到海邊。

他搖著槳，滑入水中。他釣到了一些魚，享受了三明治，用軍用水壺喝了些果汁。

這是魏特利一生中最美妙的日子之一，如他自己所說：「那真是生命中的一大高潮。」

魏特利經常回憶這一童年往事。他從中學到了人生最重要的一課，這就是你最終要靠你自己實現你的夢想，而不是等待他人帶你去釣魚。

# 第十八條　無線電總會在你急需火力支援時斷掉

記住，不要把命運完全寄託在他人的「無線電」上。在這個世界上，惟一能隨時隨地、不中斷地給予你火力支援的，只有一個人，那就是你自己！

一位接受兵役檢查的年輕人對檢驗官說：「我有很深的近視，恐怕不能當兵。」檢驗官笑著對他說：「這個你不用擔心。我們會派你到最前線，讓你看得很清楚。」

# 第 19 條

## 你做的任何事，
## 都可能令你挨槍子兒
## ——什麼都不做也一樣

## Anything you do can get you shot including doing nothing

## 1. TO BE OR NOT TO BE?

莎士比亞名劇《哈姆雷特》第三幕第一場。那個憂鬱的丹麥王子痛苦地問著自己：

To be, or not to be, that is the question.

美國大兵也提出了一個To be or not to be的問題：

「你做的任何事，都可能令你挨槍子兒——什麼都不做也一樣。」

這的確是個兩難的抉擇。

讓我們看看戰場上的情形，看看《兄弟連》。

兄弟連的第一次戰鬥，是摧毀德軍的炮兵陣地。

在這次戰鬥中，兄弟連的傷亡是四死二傷——無論他們做，還是不做。

安德魯．希爾准尉僅僅從戰壕裡伸出頭看了看，這時一顆子彈擊中了他的前額，然後從耳朵邊上鑽了出去，當場就把他打死了。

「老頑固」霍奇是從F連來的援兵。他直起身朝德軍陣地扔出一枚手榴彈，結果被機槍子彈打在背部與肩部，當時就死了。

而年輕的利普頓爬上一棵樹，準備面對德軍射擊。如果德國人朝他這邊看，他一定暴露無遺。但他們都在向別的方向開火，無暇顧及他們的正面，所以便宜了利普頓，使他能從容射擊。許多年後，利普頓說，如果他當時是個老兵，他是絕對不會爬到那棵樹上，那樣暴露自己——他大難不死。

還有更驚險的：一顆德國的木柄手榴彈落進戰壕。大家迅速臥倒。那顆手榴彈就落在喬·托伊的雙腿之間。「喬，當心！」溫斯特衝著托伊大喊一聲。托伊急忙翻了個身，手榴彈正好在碰到他的步槍時爆炸，把整個槍托都炸飛了。可是他卻沒有受傷。一九九〇年，托伊回憶說：「要不是溫斯特，那天我就要唱女高音了。」

……

子彈是不長眼睛的。在戰場上，無論你做，還是不做，你都可能挨槍子兒。

當然，你也有可能不挨槍子兒，即便你在做！

那麼，**TO BE OR NOT TO BE?**

或者說，做，還是不做？

## 2. 做！

兄弟連的選擇是——做！

即便那很危險，很可能挨槍子兒，但也有死裡得生的可能，並且，那還關乎著戰士的榮譽。

他們用步槍向德軍戰壕射擊，往裡面扔手榴彈。他們熱血沸騰，大聲呼喊著……如那個爬在樹上的士兵利普頓說的，儘管危險，「可是那一天我們渾身充滿了激情」。

人生也是如此。

人世間充滿了風險。坐火車，火車可能會出軌；乘飛機，飛機可能墜落；做生意，可能會賠本；買股票，可能會被套牢；別人對著你打個噴嚏，你還可能被傳染上SARS……

哎呀呀，風險這麼多，我還是什麼也別做吧。我就成天待在家裡喝茶、喝咖啡。

可是，閉門家中坐，禍從天上來。我母親在我小時候給我講過一個故事：一個人膽子特別小，哪兒都不敢去。這天坐在家中吃炒麵——是西北人的吃法：把麵粉炒乾了，放上糖，盛在碗裡，然後用手一把一把掏著吃。

這人盛了冒尖的一大碗，一把一把掏著吃。把炒麵底部掏空了。突然，碗裡的炒麵塌下來了，這人一驚，就……嚇死了！

不要以爲什麼都不做，你就會平安無事，你也有可能「挨槍子兒」。反正橫豎都有風險，還不如起而做事。

人活著，總得做點兒什麼。如果總想保險，那還不如不出娘胎。

曾有一個流傳頗廣的故事：一個窮人在河邊曬太陽。這時過來一位富人，對他說：「你爲什麼不去做點更有意義的事呢？」

窮人問：「做什麼事？」

「比如去設法貸款買條漁船，出海捕魚……」

「那又怎麼樣呢？」

「你就可以賺到錢，還清貸款，還能買一條更大的船，捕更多的魚……」

「那又能怎樣呢？」

「你就可以獲得更多的財富，你就有能力去做自己喜歡做的事了。」

「做什麼事呢？」

「比如，你就可以悠閒地在河邊曬太陽，享受人生。」

窮人反問：「那我現在在做什麼呢？不是正在曬太陽麼？」

這個故事，許多人把它看做是對富人的諷刺。他們以故事中的「窮人」自比，認爲「窮人」更達觀。其實呢，這不過是爲自己的平庸和不思進取找藉口。

從表面看，窮人和富人的歸宿都是一樣的，但實際上，二者的內涵和境界完全不同。窮人所享有的，不過是井底之蛙的可憐的樂趣，而富人曾經滄海，曾經風雨，他通過奮鬥，充實了自己的財富——物質財富和精神財富，所以當他曬太陽時，他領略到的，才是眞正的悠閒和樂趣。

這就是做與不做的最大不同。

哈姆雷特自問：生存還是毀滅，這是一個值得考慮的問題。默然忍受命運的暴虐的毒箭，或是挺身反抗人世的無涯的苦難，通過鬥爭把它們掃清，這兩種行為，哪一種更高貴？

在猶豫、彷徨之後，哈姆雷特選擇了「挺身反抗」，儘管這給他帶來了死亡，但他維護了自己的高貴。挪威王子福丁布拉斯這樣說道：

讓四個將士把哈姆雷特像一個軍人似的抬到臺上，因為要是他能夠踐位，一定會成為個賢明的君主的。為了表示對他的悲悼，我們要用軍樂和戰地的儀式，向他致敬。

如果哈姆雷特不去反抗呢？——在篡位的國王的底下，他生不如死！

## 3. 火之戀

我曾寫過一首詩，寫的是火柴，非常不起眼的火柴。我就用它作爲我對美國大兵的這一條作戰條例的理解吧：

……

你既已選定光明作永恆的親愛，
願把生命凝縮為一根火柴，
那我還要嚴肅地提醒：
艱難的命運之路正將你等待。

頑強地去闖！去衝！去踏！去踩！
不要怕頭皮會被礫石揭去幾塊。
如果一生只願在水晶地板上徘徊，
那就請去掏耳屎，或去剔牙縫的臭菜。

火柴盒不是茍全的蝸牛殼，
掩體裡，他們正將命令等待：
莊嚴的緘默，同一的夢——
光明的白夜！火焰的世界！

呵，你生命的終極只是半根焦梗，
但你如此自豪，一生沒有滴淚的悲哀。
有時，一盒火柴甚至點不著一支香煙，
為燒垮一角陰影，請準備犧牲成百成千！

一天，空降兵指揮部的長官前來視察。實戰演習時，空降兵一個接一個從天而降。長官很滿意。他隨口問道：「今年有多少新兵？」旁邊的副官說：「一會兒看看他們的屁股就知道了。」長官不解：「爲什麼要看屁股？」副官回答：「因爲新兵的屁股上通常會有腳印！」

## 第 20 條

# 惟一比敵方炮火還精確的是友軍的炮火

# The only thing more accurate than incoming enemy fire is incoming friendly fire

## 1. 不是開玩笑

美國大兵的這一條作戰條例，並不是在誇讚友軍，說友軍的炮火可以更精確地打擊敵方。

它是在提醒你：友軍的炮火會比敵方更精確地落在你的頭上！

這是在開玩笑吧？是不是開得忒過了一點？

那就讓我們來看看戰場上的事兒。

英國是美國「伊拉克」戰爭的最堅定的盟友，可是在伊拉克戰場上，美軍的炮火卻頻頻射向英國部隊，致使不少英軍士兵倒在「友軍」的槍口下。

二〇〇三年三月二十九日，一架美軍A-10攻擊機在巴士拉以北約三十公里處，精確地射中了英軍的兩輛輕型裝甲車，造成一名英國士兵死亡，四名受傷。兩輛裝甲車被炸成一堆廢鐵。

受傷的陸軍中尉麥克尤恩事後回憶說，當時他們正準備到一個小鎮上偵察。在穿過伊軍的炮火後，他們終於靠近了小鎮。這時，他們看到村民們正站在一道防護堤後面，揮舞著白色的旗子。他說：「他們顯然是受到了驚嚇，我為此感到非常抱歉，於是向他們揮手。」可就在這時，一架美軍攻擊機竟然向他們投下了炸彈。「我立即聞到了一股難聞的味道，那居然是我的眉毛被燒著了！」

另一個受傷的是一等兵傑勒德，他說，當時他開始大喊：「打錯啦！打錯啦！」沒想到，沒過多久，那架攻擊機又開始了新一輪轟炸……

傑勒德說，「飛機當時離我們很近。但那個愚蠢的飛行員就是沒有認出裝甲車上的英國標記。要知道，我們其中一輛裝甲車的後部，還插著一面巨大的英國國旗！」

麥克尤恩心有餘悸地說：「離開英國時，我的朋友和家人曾跟我開玩笑說，不要擔心伊拉克人，你應該提防的是那些美國人。沒想到，這個玩笑竟然變成了現實。」

現在，你還會把美國大兵的這條作戰條例當玩笑看嗎？

## 2.交友要審慎

不要以爲是朋友，你就不會受到他的傷害。

有時，來自朋友的傷害，會比敵人更厲害。

不是有句話叫「殺熟」嗎？越是熟人，他越會「殺」你，而且因爲熟悉你，所以「殺」起來更到位，更不留情！

因爲你一般對他不會存有戒心，而傷害就會在你高度放鬆時落在你身上。

來自朋友的傷害有兩種。一種是無心的，是由於愚蠢，好心辦壞事。

有一個人，與一頭狗熊交了好朋友。

這天，他和狗熊到郊外玩。走累了，這人就躺在草地上睡覺。

而狗熊，則忠心耿耿地坐在他身邊，保護他。

這時，飛來了一隻蒼蠅，落在那人臉上。那人迷迷糊糊抬手趕了趕，蒼蠅被趕起來，但一會兒，又叮在那人臉上。

或許是太累了，那人抬不起手轟蒼蠅了。

狗熊看見蒼蠅一個勁兒攪擾好朋友休息，非常生氣，就搬起一塊大石頭，對準蒼蠅砸下去……

後來的事，我不說你也知道了。

再一種情況就是，雖然是朋友，但面臨利害，朋友會變得非常不夠朋友。

有兩個人，平日稱兄道弟的，是鐵哥兒們。這天，二人到森林裡玩耍。突然，竄出來一頭大狗熊——這可不是上面故事裡的那個「友善的」狗熊。它張牙舞爪，向這哥倆撲來。其中一個人見勢不妙，馬上三下五除二，爬上了一棵大樹，根本不管他那個朋友會怎樣。

剩下這人，沒轍了，就躺在地上裝死。

狗熊走過來，嗅了嗅「死屍」，然後晃晃悠悠走了——據說，不是活物，狗熊不感興趣。

見狗熊走得不見影了，那個逃跑的朋友這才從樹上下來。那個裝死的夥伴也「活」過來了。

逃跑的朋友有點兒不好意思，便故意打哈哈，說：「你眞聰明，裝死。對了，剛才狗熊貼在你耳朵邊，說什麼悄悄話呢？」

裝死的這人說：「它告訴我，只能同享福、不能共患難的朋友，不要交。」

# 3.靠不住的江湖義氣

常言道：「多個朋友多條路。」

但如果你不審愼，不加選擇地濫交朋友，那最後傷害你最厲害的，可能就是「友軍的炮火」。

對於好心辦壞事的朋友，你要有自己的主見，不要連他愚蠢的意見都照單全收，要防止他幫你倒忙。

對於那些只想利用你達到他個人目的的「朋友」，你更要多個心眼。不要聽他吹得天花亂墜，就去爲他兩肋插刀。

朋友有眞朋友，有假朋友，不要人家一與你稱兄道弟，杯觥交錯，你就暈了。交友也要有「道」。這個「道」，就是彼此都要堅守做人的道德底線。

中國人好講江湖義氣，許多人也熱衷於拜把子，拉扯哥們兒義氣。這有點兒像阿慶嫂唱的：「開茶館，盼興旺，江湖義氣第一樁。」

可實際上，這種江湖義氣往往是靠不住的。也正如阿慶嫂唱的：「相逢開口笑，過後不思量。人一走，茶就涼。」

江湖義氣惟一的連接點，就是利益。利存則友情存，利無則友情無。

一九二六年八月，蔣介石與李宗仁義結金蘭。在給李宗仁的蘭譜上，蔣介石寫得好動人：「誼屬同志，情切同胞，同心同德，生死繫之。」可後來，蔣介石卻與李宗仁在戰場上打得頭破血流。

蔣介石也曾同張學良結拜爲兄弟。一九三〇年軍閥大戰時，張學良幫誰誰就能勝，結果張學良率兵入關幫了蔣介石。可張學良栽也是栽在蔣介石這個「義兄」的手裡。

九一八後，張學良聽從蔣介石的命令，沒有抵抗日本侵略者，蔣介石的策略得到貫徹，而張學良卻背上了「不抵抗將軍」的黑鍋。

西安事變中，講究信義的是張學良，背信棄義的是蔣介石。張學良被蔣介石長期監禁，政治生命就此完結。蔣介石可謂是一點兒朋友的面子也不講！

美國與英國結爲盟友，攻打伊拉克，其實質，也是共同利益的驅動。到了具體的戰場上，當著面臨死亡的威脅時，大兵們爲了首先保住自己的命，就會進行「條件反射式的射擊」，那時，就顧不得分清「誰是我們的敵人，誰是我們的朋友」了。

不要一說是「朋友」，就一千個放心了，要記住：來自友軍的炮火，可能會比敵人的炮火更精確。

飛行員訓練。教官關掉駕駛艙的燈光，對學員說：「好，燈熄了，你怎麼辦？」學員拿出手電筒，說：「我用這個。」教官取走手電筒，說：「手電筒沒電，你怎麼辦？」學員拿出另一支手電筒：「我還有一支。」教官皺皺眉，說：「這電筒燈泡壞了，怎麼辦？」學員取出備用燈泡：「我這裡有。」教官拿走燈泡：「燈泡是壞的。」學員又拿出一個手電筒：「我還有一個手電筒——新買的。」教官無可奈何，說：「很好。但我只想看你在黑暗中如何駕駛飛機。可不可以假裝一下？」

# 第 21 條

## 專業士兵的行為是可以預測的，但世上卻充滿了業餘玩家

## Professional soldiers are predictable but the world is full of amateurs

## 1.「驢車戰術」

美軍佔領了伊拉克，伊拉克反美武裝不斷襲擊美軍，讓美軍大吃苦頭。

二〇〇三年十一月二十一日早晨，位於巴格達市中心的兩家高檔飯店和伊拉克石油部大樓，幾乎同時遭到火箭彈襲擊，造成至少一人受傷。

襲擊者是怎樣幹的呢？他們將火箭發射器安放在毛驢車上，然後悄悄接近目標，發射之後，丟棄驢車，迅速逃離現場。

美軍指揮官布拉德·梅上校對此感到十分意外。他說：「許多人根本不會想到驢車能夠用來作爲發射火箭彈的平臺。這表明他們正試圖搶在我們前面，使用各種新方法發動襲擊。」

美軍隨後在附近展開搜索。他們在薩阿頓大街發現了一輛驢車，車上放著一個能夠發射三〇枚火箭彈的發射器。隨後，美軍在石油部附近也發現了一輛「毛驢戰車」。

美軍第一裝甲師的曼蘇爾上校沮喪地說：「襲擊者將發射器藏在驢車上的

農作物下面，躲過了檢查……」

在驢車上，襲擊者還留下了一張用不標準的英文書寫的便條：「……所有軍隊……離開我們的國家，不要讓你們的母親哭泣。」驢車還在同時進行著戰地宣傳戰呢！

比起經過正規的軍事訓練的美軍，這些反美武裝的「玩法」是夠業餘的。但就是這「業餘」，卻讓訓練有素的美軍防不勝防。

這正應了美國大兵作戰條例所言：「專業士兵的行爲是可以預測的，但世上卻充滿了業餘玩家。」

## 2. 你如何出牌？

不要以為你是專業的，就一定能對付得了業餘的。業餘的最大的特點，就是「不按規則出牌」。他們不拘泥於教條，想像力豐富，只要玩得轉，就能大膽打破規則，收到出奇制勝的效果。

小說《烈火金鋼》是寫抗日戰爭故事的。其中有一個日本兵，叫武男義雄，在一次與八路軍作戰時，受傷被俘。經過八路軍感化教育，武男義雄加入了日本人反戰聯盟，並同八路軍一道打擊日本侵略者。他對八路軍什麼都佩服，惟獨有一點始終不服氣，這就是土八路不按規則出牌，完全是業餘戰法。當時他與八路軍拼刺刀，他按照日本軍隊的作戰條令，先退出三八大蓋槍的子彈，然後拼刺刀。據說，這樣做是防止誤傷了戰友。可八路軍大大的「狡猾」，並不退出子彈，照著他就是一槍。武男義雄就這樣束手就擒。

武男義雄是夠專業的，可實戰中，恰恰是「專業」使他死守教條，不知變通，做了俘虜。

你盡可以瞧不起業餘的「土」，可「愚蠢的方法只要有效，就不是愚蠢的方法」，土辦法只要有效，就完全可以採用。什麼叫靈活機動的戰略戰術？這就是！因爲在戰場上，只有勝利才是最重要的。

從美國大兵的這一條作戰條例，我們要學到兩點：

一是，雖然你是專業的，但你的對手並不一定也是專業的，或者他是專業的，但他不一定按專業「出牌」。對此，你要有靈活的應對措施。「敵變我也變」。不能死守教條，「以不變應萬變」。那樣，你很可能吃大虧。

二是，儘管你是專業的，但你也要向業餘學習，必要時也發揮點不按常規出牌的業餘水平，這很可能比你死板地按專業原則辦事更能出彩。

威廉．麥克勞德到《紐約時報》求職。他的申請材料已經送進去了，他緊張地等待在辦公室門外。

一會兒，一個職員走出門來，對他說：「主任要看你的名片。」

威廉從來就沒有準備過什麼名片。恰好他口袋裡有一副撲克牌。於是他靈機一動，從中抽出一張黑桃A，說：「給他這個。」

半個小時後，他被錄取了。

後來，威廉．麥克勞德成爲了《紐約時報》的著名記者之一。

## 3. 做一個業餘玩家，也很好

不要瞧不起業餘玩家。業餘中也常有高人高招。

高人：美國有一個叫尼古拉．格利斯多弗羅斯的電梯維修工，每天下班後，總要讀讀核子物理學方面的書籍。後來，在一九四八年，他提出了建立一種新型粒子加速器的計畫。這項計畫經美國原子能委員會的專家試驗、改進，爲美國節省了七千萬美元。電梯維修工得到了一萬美元獎勵，還被聘請到加州大學放射實驗室工作。

高招：第一次世界大戰時，德軍使用了剛剛問世不久的新式武器——坦克，來進攻西班牙。西班牙士兵對這個鐵傢夥束手無策，怕得要死。德軍坦克耀武揚威，不可一世。

後來，西班牙人使用了一種極「業餘」的玩法來對付坦克。這就是在酒瓶中裝上汽油、水和黃磷，遇到坦克時，就使勁搖晃酒瓶，然後投向坦克的油箱，頓時大火燃起，坦克就癱瘓了。這就是有名的「莫洛托夫雞尾酒瓶炸彈」。

不要瞧不起業餘，許多專業大師就是從業餘起家的。

楊致遠在大學時，是個超級網蟲。當時網際網路上有許多資訊，但沒有任何分類。這給網蟲帶來了不便。楊致遠就和朋友大衛·費羅開始對網上的資料有系統地加以組織。經過努力，他們設計出了「楊致遠全球資訊網導覽」。起初，他們只將自己的網址告訴了幾位朋友，後來一傳十、十傳百，他們的網站廣爲人知，他們設計的搜索軟體受到歡迎。楊致遠隨後將自己的網址改名爲雅虎（Yahoo!）。爲什麼起這麼個名字？楊致遠解釋說：「我們是在GULIVER旅遊手冊中找到這個名字的。我們覺得Yahoo代表那些既無經驗、又無教育的外來旅客，與我們這群電腦人非常相近，所以我們就用它來命名。」

既無經驗，又無教育的Yahoo!，可不就是業餘？就是這個業餘，後來成爲了全球著名的國際網路索引公司，隨著雅虎公司上市，楊致遠也成爲了身價億萬的網路大亨。

不要瞧不起業餘，許多專業大師也都有自己的業餘愛好。業餘促進著他們專業的發展。

格勞福特是世界上最大的化學公司杜邦公司的總裁。他每天擠出一小時來研究一種世界上最小的鳥——蜂鳥。他寫的關於蜂鳥的書，被稱爲自然歷史叢書中的精品。

羅斯福總統在戰爭最艱苦的年代，日理萬機，但仍堅持業餘集郵。集郵的片刻時間，使他重新煥發了精神。

愛因斯坦是大科學家，同時也是一個業餘小提琴手。

鄧小平是大政治家，同時也是橋牌高手……

誰說業餘就不能入大雅之堂？

誰說業餘就意味著低水平、低成就？

世上充滿著業餘玩家，這世界才如此豐富多彩。

就拿美國大兵的作戰條例來說，與軍方的專業教科書相比，也不過是業餘課程。可你能說這「業餘」就沒水平？

一個新兵每次早操都遲到。軍官問他：「你怎麼老遲到？」新兵說：「報告，我總是睡過了頭。」軍官勃然大怒：「如果每個士兵都睡過頭，世界將會變成什麼樣子?!」新兵回答：「那就永遠不會發生戰爭了。」

# 第 22 條

## 當兩軍都覺得自己快輸時，
## 那他們可能都是對的

## When both sides are convinced that they are about to lose, they are both right

## 1.美國贏了，還是輸了？

巴格達被攻下了。

海珊的雕像被推倒了。

海珊也被捉住了。

美國似乎已贏得了伊拉克戰爭的勝利。但勝利卻沒有給美國著名的新保守派思想家威廉．克里斯托帶來喜悅。他在最近與他人合著的《伊拉克戰爭》一書中說：「在巴格達的使命還沒有完成，美國還沒有從勝利中得到安慰，新的危險已經來臨。」

看來，他不但沒有覺得美國勝利了，反而覺得可能是輸了。

按照美國大兵的作戰條例，克里斯托「可能是對的」。

爲什麼？

首先，美國雖然贏得了戰爭，卻輸了道義和信譽。美國對伊戰爭，在國際上並未贏得多少喝彩。

其次，鯨吞雖易，消化很難。美國現在深陷在反美武裝的遊擊戰中，難得片刻安寧。

第三，美國爲這次戰爭，背上了沈重的經濟負擔。這個負擔還有加重的趨勢。

第四，現在世界上許多國家，可能對美國多了幾分「怕」，但「怕」並不等於俯首貼耳，相反，可能激起更多的仇恨。

不知美國當權者能否眞正認識到自己「快輸了」——如果認識到了，及時改弦更張，就不會輸得更慘。

世界上許多你拼我奪的事情，到了最後，實際上並沒有眞正的勝利者。就結果來說，不過是雙輸。可悲的是，當局者迷，他們都很難認識到這一點。

鷸是一種長嘴的水鳥。這天在水邊看到一隻蚌，正張開蚌殼曬太陽。鷸看到蚌肉鮮嘟嘟的，就用長嘴去啄。那蚌一下子把殼合上，把鷸的長嘴死死夾住。

鷸不鬆口，嘟囔著：「今天不下雨，明天不下雨，渴死你！」

蚌也不鬆殼，恨恨地說：「今天不讓你出，明天不讓你出，餓死你！」

它們兩個誰都覺得自己會是最後的勝利者。

就在它們爭持不下時，一個漁翁過來，把它倆都捉住了。

——可惜，它們不懂美國大兵的作戰條例！否則，它們就會及時停止爭鬥。因爲結局很可能是雙輸！

# 2. 賣石灰的與賣白麵的

許多人信奉這樣的觀點：

人生就是競爭。

競爭的成功，只能是建立在對手失敗的基礎之上。

於是，在職場、在商場、在政治鬥爭中，我們經常可以看到你死我活的競爭，就像是在打「沒有硝煙的戰爭」。

其實，這種看法並不見得正確。

比如，爲一張「大餅」，雙方拼死相鬥，其結果，很可能會將整張「餅」毀掉。

中國的彩電廠家曾經大打價格戰，你降價，我比你降得更狠，最後，大家都很少有利潤，甚至沒利潤！

這叫雙輸。

明智的做法是合作，通過制定共同遵守的行規來取得雙贏。

或者，通過互補，共同把「餅」做大，你賺錢，我也賺錢。

例如，微軟公司推出更加強勁的軟體，爲英特爾公司銷售晶片創造出黃金般的機會。而反過來，英特爾公司推出運行速度更快的晶片，也會讓用戶覺得使用微軟的軟體才會更加有價值。它們相互促進而不是相互破壞，大家都發財，皆大歡喜。

不要自恃實力強大，就把別人逼上絕路。自己活，也要讓別人活。

二○世紀七○年代，美國有一家製造隱形眼鏡的鮑葉和羅姆斯公司，他們爲了佔領市場佔有率，對別的隱形眼鏡製造商採取了非常有侵略性的行動——壓價銷售。結果，他們也的確把一個個拼不過他們的廠商擠出了市場，他們自己則得到了比以前大得多的市場佔有率。

但就在他們還沒來得及品嘗勝利的喜酒時，那些實力比他們強大得多的公司，看到鮑葉和羅姆斯公司在隱形眼鏡上賺了大錢，於是開始把隱形眼鏡也作爲自己實現增長的途徑。鮑葉和羅姆斯公司這下子給自己招來了更強大的對手，他們慘了。

有句俗話：「賣石灰的見不得賣白麵的。」還有一句：「同行是冤家。」

其實，賣石灰的完全可以同賣白麵的通過互補來雙贏，「冤家」也可以通過合作成爲共同發財的夥伴。

這裡的前提，就是賣石灰的、賣白麵的，一旦他們要互爲冤家爭鬥時，就要趕快意識到：這可能要雙輸。還是想辦法雙贏吧！

記住，我贏你輸的模式，會導致一種代價昂貴的勝利，於是我贏你輸就變成了雙輸。就如美國發動的伊拉克戰爭。

記住，你通過傷害別人來使自己成功，這種成功不會是徹底的，因爲你很難徹底消滅對手。而受傷的敵手往往是最危險的。

記住，你的成功並不一定需要別人的失敗，這裡可能會存在多個贏家。

## 3. 獅子的選擇

那麼，是不是在進行合作時，就不要考慮自己的利益了呢？

那當然也不對。你辛苦半天，和對方共同做了一張大餅，但你一口也吃不到，這叫「你輸他贏」。

你應該做的，是雙贏，這不排除你贏大頭，讓別人也跟著你沾光。

一九六三年二月二十八日。紐約。柯達公司的老闆威廉·波恩，在記者招待會上宣佈：柯達將把自己花了十年時間，傾注了大量財力研製成功的袖珍型全自動照相機的專利，無償地提供給全世界的每個製造廠商。

柯達瘋了嗎？還是在扮演慈善家的角色？都不是。

柯達的思路是：柯達專利的擴大，就是照相機市場的擴大。人們擁有的照相機多了，對照相軟片的需求就會增大。而這意味著作爲軟片巨人的柯達的市場進一步擴大。

不錯，別的廠商會因此而賺錢，但柯達將賺更多的錢。

柯達一年生產的軟片長度，相當於從地球到月球往返的長度。這樣大的生產量，需要更大的市場，而這是柯達單憑自己的力量難以開拓出來的。「眾人拾柴火焰高」，各公司共同把照相機市場做大，柯達的軟片就不愁銷路。

事實上，就彩色軟片一項，柯達後來在世界市場的佔有率就高達90％。

在你死我活的競爭中，「當兩軍都覺得自己快輸時，那他們可能都是對的。」

在互助合作的競爭中，當雙方都覺得自己會贏時，那他們絕對是對的。

有兩隻獅子，同時發現了一隻死斑馬，正可以作爲一頓美餐。

它們有幾種選擇：

互相爭鬥，將美味攫爲己有。但這很可能兩敗俱傷。

雙方都放棄，轉身離開。但放著美味不吃，這未免太傻了。

一方自動離開，讓對方獨自享用。但離開一方的轆轆饑腸不但不能滿足，還會很丟面子。

這時，附近又出現了一群斑馬。也許可以商量一下，合力再去捕殺一隻，然後共同享用兩隻斑馬……

如果你是其中的一隻獅子，你會選擇哪一種方案？

國家圖書館出版品預行編目資料
黑色定律 / 李鎮著. -- 1 版. -- 新北市：華夏出版有限公司, 2024.06
面； 公分. --（Sunny 文庫；345）
ISBN 978-626-7393-64-2（平裝）
1.CST：人生哲學 2.CST：通俗作品

191 113005484

Sunny 文庫 345
黑色定律

著 作 李鎮
出 版 華夏出版有限公司
220 新北市板橋區縣民大道 3 段 93 巷 30 弄 25 號 1 樓
電話：02-32343788 傳真：02-22234544
E-mail：pftwsdom@ms7.hinet.net
印 刷 百通科技股份有限公司
電話：02-86926066 傳真：02-86926016
總 經 銷 貿騰發賣股份有限公司
新北市 235 中和區立德街 136 號 6 樓
電話：02-82275988 傳真：02-82275989
網址：www.namode.com
版 次 2024 年 6 月 1 版
特 價 新台幣 400 元（缺頁或破損的書，請寄回更換）

ISBN-13： 978-626-7393-64-2